奥地利学派经济学简史

米塞斯的视角

[奥]路德维希·冯·米塞斯 著
谌紫灵 译

浙江人民出版社

图书在版编目（CIP）数据

奥地利学派经济学简史：米塞斯的视角 /（奥）路德维希·冯·米塞斯著；谌紫灵译. — 杭州：浙江人民出版社，2024.3（2024.4重印）
ISBN 978-7-213-11207-2

Ⅰ. ①奥… Ⅱ. ①路… ②谌… Ⅲ. ①奥地利学派－经济思想史－研究 Ⅳ. ① F091.343

中国国家版本馆 CIP 数据核字（2023）第 185453 号

奥地利学派经济学简史：米塞斯的视角
AODILI XUEPAI JINGJIXUE JIANSHI: MISAISI DE SHIJIAO

[奥] 路德维希·冯·米塞斯 著 谌紫灵 译

出版发行：浙江人民出版社（杭州市体育场路 347 号 邮编：310006）
　　　　　市场部电话：(0571) 85061682　85176516
责任编辑：陈　源
策划编辑：陈世明
营销编辑：陈雯怡　张紫懿　陈芊如
责任校对：马　玉
责任印务：幸天骄
封面设计：天津北极光设计工作室
电脑制版：北京之江文化传媒有限公司
印　　刷：杭州丰源印刷有限公司
开　　本：880 毫米 ×1230 毫米　1/32　　印　张：7.5
字　　数：78 千字　　　　　　　　　　　插　页：2
版　　次：2024 年 3 月第 1 版　　　　　 印　次：2024 年 4 月第 2 次印刷
书　　号：ISBN 978-7-213-11207-2
定　　价：48.00 元

如发现印装质量问题，影响阅读，请与市场部联系调换。

目 录
Contents

推荐序一（毛寿龙） / 001

推荐序二（黄春兴） / 012

第一部分
奥地利学派经济学的历史背景（1969年）

一、卡尔·门格尔与奥地利学派经济学　　/ 067

    1. 开端　　/ 067

    2. 奥地利学派经济学和奥地利的大学　　/ 072

    3. 奥地利知识界的奥地利学派　　/ 078

4. 奥地利内阁成员庞巴维克和维塞尔　　／083

二、与德国历史学派的冲突　　／087
　　1. 德国对古典经济学的排斥　　／087
　　2. 德国在经济学领域的贫瘠　　／096
　　3. 方法论之争　　／100
　　4. 方法论之争的政治背景　　／104
　　5. 奥地利学派经济学家的自由主义　　／113

三、奥地利学派经济学在经济学发展中的地位　／122
　　1. "奥地利学派"和奥地利　　／122
　　2. 方法论之争的历史意义　　／126

第二部分

维也纳和纽约大学演讲

一、维也纳门格尔纪念日演讲：
　　卡尔·门格尔的贡献（1929年）　　／133
　　1. 古典经济学的坚实根基　　／135

2. 门格尔价值悖论与开宗立派　　/ 139
　　3. 门格尔思想的传承　　/ 142
　　4. 奥地利学派的影响力　　/ 144

二、纽约大学演讲：奥地利学派经济学与私人研讨班（1962年）　　/ 147
　　1. 什么是"奥地利学派"　　/ 147
　　2. 奥地利的私人讲师制度　　/ 149
　　3. 我的研讨班学生　　/ 151
　　4. 研讨班学生的出国之路以及商业周期研究所　　/ 157
　　5. 总结：非官方的学术交流与国际合作　　/ 160

第三部分
《米塞斯回忆录》节选（1940年）

一、奥地利思潮与问题　　/ 165
　　1. 历史主义　　/ 165
　　2. 国家主义　　/ 185

3. 奥地利问题　　　　　　　　　　　／ 200

二、奥地利学派经济学　　　　　　／ 207

1. 悲观的门格尔　　　　　　　　　／ 207
2. 奥地利学派先驱们与奥地利学派
   经济学的独特之处　　　　　　　／ 213

三、德国的学术研究　　　　　　　　／ 225

1. 两个学术组织：社会政策学会和
   德国社会学学会　　　　　　　　／ 225
2. 平平无奇的傻蛋是精英中的精英　　／ 227
3. 早逝的天才韦伯与极少数的同僚智者　／ 231

推荐序一
学习奥地利学派经济学的知识和精神

现代社会是市场经济的社会。所以,现代人或多或少都需要学一点经济学。学习经济学,一般大家都会去学习初级的教科书,先学微观经济学,然后学习宏观经济学。初级的经济学教科书,一般文字性的内容比较多;中级的经济学教科书,会有比较多的数学公式和推导;到了高级微观经济学和宏观经济学,则都是数学公式和推导了。这是学习现代主流经济学的基本情况。

不过,如果在教科书的基础上进一步来学习更有深度的经济学,而不是学习含有数学越来越多的经济学，大家就会接触到不同经济学家的著作和论文，而这些经济学家一般都是某某经济学派在不同发展阶段的代表人物。比如英国经济学家约翰·梅纳德·凯恩斯的《就业、利息和货币通论》一书，是宏观经济学的重要著作。凯恩斯本人也是凯恩斯学派的创始人和核心人物，其主要观点是，市场经济有繁荣和萧条的周期，政府可以通过相机抉择的财政政策和货币政策来对抗经济周期，解决经济萧条问题，实现持续的繁荣。

美国经济学家米尔顿·弗里德曼是芝加哥学派的代表人物，其著作《自由选择》是芝加哥学派的代表性著作，其核心观点是，自由市场是自主有效运作的，政府的政策干预只会让市场经济更糟糕，主张小政府、大市场。

凯恩斯是1883年生人，于1946年因心脏病去世，享年63岁，当时还没有设立诺贝尔经济学奖，所以他不是诺贝尔经济学奖获得者。弗里德曼生于1912年，于1976年获得诺贝尔经济学奖，得奖的时候是64岁，于2006年去世，享年94岁。如果凯恩斯能够活得久一些，或者1968年开始的诺贝尔经济学奖设立得更早一些，凯恩斯肯定是诺贝尔经济学奖获得者。

进一步展开阅读，大家会接触到这两个经济学派中很多类似的学者，而且会发现很多经济学家只要足够年轻，或者活得足够久，就会获得诺贝尔经济学奖。在此，与凯恩斯的主张类似的学者认为市场有很多缺陷，要让其有效运作，政府需要进行更多的政策干预；而与弗里德曼的主张类似的学者则认为市场能够充分实现经济发展，政府干预只能制造问题，所以应该发挥市场经济的作用，限制政府的干预。前者如萨缪尔森，于

1970年获奖；后者如哈耶克，于1974年获奖。

弗里德里希·奥古斯特·冯·哈耶克于1899年出生于奥地利，是1974年的诺贝尔经济学奖获得者，得奖的时候已经75岁了，于1992年去世，享年93岁。哈耶克的政策主张和弗里德曼是一样的，也主张充分发挥市场经济的作用，反对政府过度干预。当然，他的理论和方法与弗里德曼有很大的不同，他认为市场经济是现代文明的基石，它是自发的交易秩序，政府的强制对于市场秩序具有破坏作用。他的有些著作是纯经济学的，如《资本的纯理论》，而《自由秩序原理》和《法律、立法与自由》更多的是偏社会政治法律学说。

如果接触到凯恩斯和弗里德曼的著作，那么恭喜你，你已经接触到了主流经济学的核心内容。如果从阅读弗里德曼的著作转到阅读哈耶克

推荐序一

的著作，那么恭喜你，你还进入了一个新的经济学学派，这就是读者面前的这本《奥地利学派经济学简史：米塞斯的视角》所讲的"奥地利经济学派"。不过，哈耶克作为自由主义经济学家的名气很大，但是他的学术贡献并不限于经济学领域，还包括很多社会、政治和法律的思考。所以，阅读哈耶克的著作，可能是很多朋友接触奥地利学派经济学的开始，但真正系统了解奥地利学派经济学，还是需要去阅读重要的奥地利学派经济学家的著作，虽然很多学者不是诺贝尔经济学奖获得者，但对于奥地利学派来说，他们个个都是奥地利学派经济学的大师。

对于想初步了解奥地利学派经济学，或者对经济学只想浅尝辄止的朋友来说，目前已经有一些入门的著作。比如，吉恩·卡拉汉的《真实的人的经济学》就是一本非常好的入门书，亨利·黑兹利特的《一课经济学》也很好，彼得·贝奇的《鲜活的经济学》，托马斯·泰勒和穆瑞·罗斯巴德的《奥地利学派经济学入门：米塞斯思想精要》，罗伯特·墨菲的《第一本经济学》，多名经济学家写的"迷人的经济学"系列套书——伯纳德·曼德维尔的《蜜蜂的寓言》、弗雷德里克·巴斯夏的《看得见的与看不见的》、伦纳德·里德的《铅笔的故事》、哈耶克的《老虎的尾巴》等，这些都值得阅读。

如果你要深入阅读奥地利学派经济学大师的著作，系统了解奥地利学派的理论，尤其是其独特的方法论，那么进一步阅读如下奥地利学派经济学大家的一本本著作，是非常必要的。

卡尔·门格尔的《国民经济学原理》《经济学方法论探究》，米塞斯的《人的行动》《经

推荐序一

济科学的最终基础》《经济学的认识论问题》《货币、方法与市场过程》《社会主义》《自由与繁荣的国度》等,罗斯巴德的《人,经济与国家》,霍普的《经济科学与奥地利学派的方法》,埃德温·多兰编的论文集《现代奥地利学派经济学的基础》,赫伯纳的《纯时间偏好利息理论》,德索托的《货币、银行信贷与经济周期》,许尔斯曼的《货币生产的伦理》,哈耶克的《货币的非国家化》,埃贝林的《货币、银行与国家》,克莱因的《资本家与企业家》,福斯等的《企业家的企业理论》,柯兹纳的《市场过程的含义》,拉赫曼的《资本及其结构》,詹姆斯·格兰特的《被遗忘的萧条》,等等。喜欢投资实操的读者,还可以看拉希姆·塔吉扎德甘等的《奥派投资》和弗朗西斯科·帕拉梅斯的《长期投资》。

上述入门书和专著，并不是奥地利学派经济学书单的全部，完整的书单还可以进一步拓展。好在这些入门书和专著，都已经有了中文版。我相信，经过三五年的艰苦阅读、快乐学习和深入思考，大家都可以成为合格的奥地利学派经济学人。

笔者的体验是，看了这些入门书以及专著之后，我们会发现，要想学习奥地利学派经济学，从一般的教科书学起，并不是一个很好的方法，因为教科书的特点是给学生呈现基础性的知识、理论和方法，这些都是以知识模块的方式出现的，而奥地利学派经济学的方法论是非模式化的，很难以准确的知识模块形式出现。要精准理解奥地利学派经济学，读者需要一边看入门书，一边看大部头的专著。由于奥地利学派经济学的知识表述，很多都是在与经济学的历史学派、现

推荐序一

代主流经济学的对话和论战中出现的,所以要理解这部分内容,读者还需要去阅读相关经济学派的著作。

对笔者来说,学习奥地利学派经济学,入门相对容易,但晋阶和提升需要相当长时间的努力和积累。从某种意义上说,学习奥地利学派经济学,不仅需要学习相关的理论和方法(而正确的学习方法只能去看大部头的著作,没有捷径),而且需要关注奥地利学派经济学家如何关怀人的自由和行动,以及如何在艰难困苦的环境中坚持自己的理想。

这本书选择了米塞斯在不同时期的两次演讲和他的自述及回忆录的部分内容。在这里,米塞斯作为奥地利学派经济学的核心人物回顾和总结了奥地利学派经济学发展的历史。他讲了卡尔·门格尔如何从一个经济学者变成一个经济学派的创始人，讲了奥地利学派经济学和德国历史学派经济学的论战，尤其是讲到了米塞斯本人作为真学者是如何传承自由思想，并坚持对抗邪恶的。华人奥地利学派经济学家黄春兴教授在米塞斯视角的奥地利学派经济学简史基础上，补充了其视角下的奥地利学派经济学历史。相信读者阅读完此书，不仅可以有知识上的收获，更有在作为奥地利学派经济学人应有的人生态度和学术精神上的收获。

阅读了本书，你会了解奥地利学派，包括很多学者。他们不仅有很多著作，还有一段自己的历史。在这里，你可以看到一个个经济学学者是怎么成长的，更会看到一个经济学派是怎么创始、发展、衰落和复兴的。

奥地利学派经济学有哪些代表人物和代表著作呢，其核心观点是什么呢，他们是怎么形成和

推荐序一

发展的呢……这些对于奥地利学派经济学专家来说是常识问题,但是对于初步接触奥地利学派经济学,并因此为其理论和方法甚至政策主张着迷的经济学者来说,是一个十分重要的基础性学习问题。

毛寿龙
中国人民大学教授

推荐序二

米塞斯的四次陈述

根据这本小册子，米塞斯分别在1929年、1940年、1962年和1969年，以不同的心情全面或重点地陈述奥地利学派经济学（以下简称"奥派"）。

1929年的奥派正处于辉煌鼎盛时期，米塞斯（非正式地）在维也纳以奥派的代表人物在创始人门格尔的纪念日，以《卡尔·门格尔和奥地利

推荐序二

经济学派》为题演讲,追述门格尔创建奥派的过程。此时的米塞斯正处于事业巅峰。在演讲中,他对奥派的未来充满愿景,"尽管历史学派的追随者们仍在一路唱着终结边际效用理论的老歌,但是我们不可避免地意识到,奥地利学派的理念和思想已经越来越深刻地影响了今天所有年轻经济学家的论文,甚至在德意志帝国也是如此。门格尔和朋友们的工作已经成为所有现代经济学的基础"。

第二次陈述的时间是在米塞斯颠沛流离时期的1940年。米塞斯这时接近60岁,刚流亡到美国,以两年的时间写了一本不打算在生前出版的《米塞斯回忆录》(1978年才出版,以下简称《回忆录》)。面对当时令人伤痛的世界局势,他愤怒地指责第二次世界大战前欧陆和奥派学者的思想堕落,毫不留情地批评和鄙薄他们的肤浅和愚蠢,更嘲讽地写下:"经过长达五年时间的有效抵抗,在遭到所有人的遗弃之后,弱小的奥地利才最后屈服。整个世界都如释重负地松了一口气。现在希特勒终于心满意足了;现在他会和平地对待其他国家了。"不过,他并未因此气馁,尽管美国社会的思想氛围不如他的预期,但美国仍是一块可以重新开始的希望之地。于是,他写下了一段激励自己也令奥派后世学者动容的名言:"面对不可避免的巨大灾难,人们将会怎样生活?这是一个关乎性情的问题。我……选择了维吉尔的一句诗作为我的座右铭——不要向邪恶低头,鼓起更大的勇气,继续与之对抗……我愿意去做一个经济学家所能做的任何事情。对于我所认为的正确事情,我将乐此不疲地反复陈述。"

　　米塞斯的第三次陈述发生在1962年。米塞

推荐序二

斯以满怀感恩之心,以演讲方式向纽约大学的师生陈述奥派对传承自由主义的坚持。当时,"听众席中,坐着时任芝加哥大学社会思想委员会的社会和道德科学教授哈耶克"。这时,他和哈耶克已分别完成从主观论和文化演化论将奥派理论拓展成完整的理论体系,而奥派捍卫的自由主义也开始在美国盛行。他说道:"让人感慨万千的是,我的这些学生于20世纪20年代在奥地利的各个大学学习,并立志走上一条科学研究的道路……那时,他们并不知道奥地利会在1938年被纳粹德国吞并,他们中的许多人不得不在外国寻求教职,特别是在这里(在美国),而且,他们也将在这里找到远比奥地利更加宽广的活动领域。"

米塞斯的第四次陈述是以单独的小册子发行的,时间发生在1969年。这时的他已经是88岁的高龄老人，但也在同年获得美国经济学会杰出会员的荣誉。他以相当平稳的语气述说他亲身所见和经历的奥派发展过程，并将人类未来寄望于奥派后世学者。他写道："每一代新人都能在其祖先所成就的事业上有所建树。因此，人类正处于向更令人满意的时代不断前进的前夕。稳步前进是人的天性使然。为失去所谓美妙黄金时代的乐园哀鸣无济于事。理想的社会状态就在我们眼前，而不在我们身后。"四年后，米塞斯辞世。次年（也就是1974年），奥派学者聚集在美国佛蒙特州举办纪念他的会议，并掀开了奥派新一章的复苏时期。

这本书并不是以上述编年史的方式来编排米塞斯这四次陈述的内容的，而是以1969年的完整自述作为主体，然后补以1929年和1962年的两次演讲，并节选他的《回忆录》中的三个章节。确实,这既相当贴合,也经过深思熟虑的安排,让我们既能有条理又能深刻地理解米塞斯是怎么看奥派的。

我们从这四次陈述也可以理解到,米塞斯一直以整个生命捍卫自由主义和完善奥派理论,直到快耗尽一生精力之际,才为了传承而写下1969年的小册子。至于1929年和1962年的两次演讲,从其短小篇幅和单一重点即可理解那只是他在学术工作中的活动需要,而1940年的《回忆录》更像是他不希望在有生之年被公开的日记型纪事。由此可知,这些内容虽然有利于我们认识米塞斯视角下的奥派,却不是全部的奥派简史。因此,在以下的篇幅中,我将补上两个部分:一为较为系统的奥派历史简述,二为米塞斯在这四次讲述中极为看重的两件事(一是在对抗邪恶时的坚持,二是传承自由思想)。

奥派发展简史

奥派发展至今，可以分成五个时期。学派创建和复苏两个时期较为明确，而辉煌鼎盛、颠沛流离和体系拓展三个时期就只能模糊划定，因奥派成员各自有不同的遭遇与成就。

学派创建时期

米塞斯在1929年的演讲中指出的事实是：门格尔以独创的主观论和边际效用作为理解经济现象的基础，批判地继承了从亚当·斯密到大卫·李嘉图以来的古典（经济）学派。

古典学派在18世纪完成了市场机制的逻辑论述，其要点有四部分：第一，市场决定了商品的价格、工资和利率；第二，市场机制有效地调

推荐序二

节了商品的生产；第三，政府无法通过干预去实现政策目标（后果甚至会相反）；第四，人们只能经由市场交易增进彼此福祉。前两个要点探讨市场的运作，属于经济学的交换论；后两个要点探讨政治经济体制对个人福祉的影响，属于经济学的文明论。此外，古典学派还具有自己的方法论、价值论和生产论。

在形式上，古典学派具备了作为一个完整经济学派的内容，但未能完全解决内部的矛盾。诚如我们所熟知的"钻石与水的悖论"，就是指其价值论和交换论对价值论述的矛盾。此处直接引述米塞斯的演讲内容："许多尤其有用的财货，如铁、煤或面包，在市场上几乎没有价值；而像水或空气这样的财货甚至还被认为没有任何价值。而另一方面，一些不太有用的商品却有很高的价值，例如宝石。"这里的"价值"是指交换论中的交换价值（交换价格），而"有用处"指的是价值论中个人使用财货时的使用价值。钻石与水的悖论就是说，有些商品在价值论中呈现的（使用）价值和在交换论中呈现的（交换）价值存在着巨大的差异。这是古典学派体系内的重大缺失，也给了奥派兴起的契机。

门格尔在1871年出版《国民经济学原理》（本文下文简称《原理》），提出边际效用概念，让个人于特定时空下消费某特定财货的使用价值等同于他愿意用此特定财货在市场上和他人交换其他财货的交换价值（价格），这便顺利地解决了水与钻石的悖论。[1]一旦商品在特定时空下的交换价值等同于个人的使用价值，来自个人使用的边际效用也就取代了经济学自从洛克-斯密以

---

[1] 此处用"价值等同"只是在不扭曲原意下便于说明，门格尔实际上的论述远较此精确慎微。

来用来衡量价值的劳动力。换言之,门格尔改造了古典学派的价值论。由于个人的边际效用纯粹出于个人(主观),他所创建的新理论也就被称为主观论经济学。

门格尔于1903年退休后,他的两位继承者——维塞尔和庞巴维克进一步利用主观论拓展新视野下的经济学。简单地说,维塞尔除了给边际效用命名外,还提出了今日已被视为经济学核心概念的"机会成本"。庞巴维克的贡献,除了拓展了我们当前熟悉的利息理论、资本理论和迂回生产外,也论述了马克思体系的种种问题。

米塞斯在演讲中以"老奥派"(older Austrian School)称呼门格尔、庞巴维克和维塞尔建成的奥派,同时也提及了其他几位前辈。后来的奥派学者就称在美国重建的奥派为"新奥派"(Neo-Austrian School)。

在这个时期，奥派的中心在维也纳大学，但其学术影响力远达英美，甚至"出口转内销"，回过头来影响国家主义盛行的德国经济学界。在这个时期，奥派理论已经普遍地融入经济学的教材和各所大学的教学，正如米塞斯所说："大约在门格尔去世的时候（1921年），人们已不再区分奥派经济学和其他学派的经济学。"

辉煌鼎盛时期

门格尔退休后，庞巴维克因担任奥匈帝国的财政部部长，其维也纳大学经济学系主任的教席便由维塞尔接任。庞巴维克于1914年去世，维塞尔就成为奥派的领头羊。遗憾的是，他逐渐偏离门格尔的主观论，转向英国杰文斯所定义的效用理论和法国瓦尔拉斯发展的一般均衡体系。根据《米塞斯大传》的说法，庞巴维克在世时还能平衡维塞尔的影响力，但在他去世后，经济学界几乎不再提门格尔的理论（即使米塞斯已开设研讨班，但其影响力还不够大）。维塞尔于1926年过世，在此之前进入维也纳大学的新生都深受其影响，包括哈耶克和他的同学，如接任维塞尔教席的汉斯·迈尔。迈尔则继续传授维塞尔的理论。

另外，参加庞巴维克研讨班的米塞斯，于1913年以《货币与信用理论》一书通过私人讲师的资格审查，开始在维也纳大学任教，也开办自己的研讨班。有意思的是，维塞尔在哈耶克获得博士学位时，就把他介绍给米塞斯当助理（似乎有意安排他去继承即将断裂的门格尔理论）。自此，哈耶克就跟着米塞斯。

米塞斯因1912年出版《货币与信用理论》已名满天下，又在这个时期接连完成了人类社会三种政治体制的相关论著，即《社会主义：经济与社会学的分析》（1920年）、《干预主义》（1926年）和《自由主义》（1927年）。1926年，米塞斯在洛克菲勒基金会的赞助下，到美国几个大学演讲。回国后，他邀请了几位研讨班的学员共同创立奥地利经济学会，并成立研究商业周期研究所，以此探究实际的经济情况，也借着研究所的对外交流将奥派理论传播到海外。

1928年，哈耶克扩充米塞斯的贸易周期理论，并于研究所举办的会议中发表，公开预测全球性经济萧条即将来临。1929年，大萧条发生了。哈耶克和奥派理论随之名扬四海。1931年，伦敦政治经济学院邀请哈耶克前去讲课，期待他能把奥派理论带过去。

颠沛流离时期

奥派如日中天时，内部也存在一些问题。

当维塞尔在方法论上偏离门格尔后,(在外人看来)奥派的理论体系就变得和瓦尔拉斯的一般均衡体系没多少差别,而后者因采用有利于均衡分析的数学方法,逐渐居于优势。

早在1884年,门格尔在给瓦尔拉斯的信中就表明他不同意采用公理式数理分析。他写道:"研究者通过分析方法得出一些与现实不相吻合的要素,或者(没有经过任何真正的分析)即从专断的公理出发进行研究,这种情况在所谓理性方法下太常见了,必然误入歧途,即使他对数学的运用炉火纯青,也是如此。"[①] 门格尔认为:社会科学的逻辑分析起点不是专断的公理,而是个人最微末的经验现象;或者说,专断的公理只能用于推演综合后之经济人的虚拟行为,而个人的

---

① [德]约尔格·吉多·许尔斯曼:米塞斯大传[M],黄华侨主译,上海社会科学院出版社,2016:72.

微末经验则存在于主观论下。由于哈耶克那一代的奥派成员深受维塞尔的影响，缺乏对主观论的认识而无法深刻理解门格尔的理论，所以，当他们在20世纪30年代逃难到美国各大学后，也就难以影响美国大学的（新古典学派）经济学者，甚至欠缺传播主观论的能力。当他们分散到各大学成为孤鸟后，也只能逐渐融入各地的新古典学派的学术环境。

米塞斯在维也纳的研讨班持续到1934年。那一年，他感受到纳粹即将吞并奥地利，就接受邀请前往日内瓦教书。在这之前，他陆续说服了研讨班的学员出国避难，而他们也都在他之前离开维也纳，并在美国名校找到教职。果然，纳粹军队于1938年入侵维也纳，哈耶克于此时申请英国国籍。1940年，米塞斯移居美国，因为他在瑞士仍然受到安全威胁。米塞斯刚到纽约时的生活相当艰难,必须仰赖美国亲近奥派人士的支持。20世纪30年代的这十年是奥派成员颠沛流离的岁月。

留在英国的哈耶克相对幸运,至少在生活上没什么问题,但也承受了不少学术环境恶化的打击。他遭遇的是凯恩斯理论的兴起。伦敦政治经济学院邀请哈耶克的理由是奥派预测了1929年大萧条的发生,但遗憾的是,这个邀请并非在大萧条发生之前。因为既然大萧条已经发生了,人们便盼望哈耶克和奥派理论能提出拯救萧条的对策。然而,奥派理论提出的策略却是让他们失望的"不作为":人们要耐心等待市场力量利用萧条时期重新调整被错误配置的资源。相对地,凯恩斯针对人们的期待则提出积极的赤字财政政策,并讥讽奥派说,"从长远看,我们都已经死了"。于是,社会风潮大转向,经济学界快速地转向凯恩斯理论。这个时间节点大约发生在凯恩斯出版《就业、利息和货币通论》的1936年前后。艾伦·艾伯斯坦在《哈耶克传》中引用当时著名经济学家的著作被引用的数字指出：1940—1944年，"作为专业经济学家的哈耶克实际上已被人遗忘"[1]。

其实，哈耶克清楚凯恩斯理论的致命伤在于没有资本理论，于是在1933年就着手重写奥派的资本理论。但他到了1940年就放弃这项计划，以致1941年出版的《纯粹资本理论》[2]就像未完成稿。学界对这段公案有不同的猜测，但无论如何，凯恩斯理论就如大洪水一般冲垮了奥派阵营。

奥派迅速衰退的原因也和新古典学派的兴起及两者间的"社会主义者之计算的论争"有

---

[1] ［美］艾伦·艾伯斯坦：哈耶克传[M]，秋风译，中信出版社，2014：77.

[2] *The Pure Theory of Capital*.

关。① 自门格尔以来，奥派就反对计划经济。根据卡伦·沃恩的说法：门格尔当初发展价值论的目的之一，就是要拒绝劳动价值论中隐含的对私有财产权的否定。② 其后，庞巴维克和维塞尔也都著书驳斥公有产权制度。然而，这些驳斥却被视为"对批判的批判"。当时，即使在庞巴维克的研讨班里仍有支持公有产权制度和计划经济的学员，如鲍威尔和纽伊拉特（前者是米塞斯最痛心的好友，而后者是他最大的思想死敌）。就在这样的氛围下，米塞斯于1920年发表《社会主义共同体的经济计算》一文，从微观角度分析社会主义的计划经济，断言其无法实现设定的目标，因

---

① 奥派在这时期和新古典学派还发生过"资本理论之争"，结局是双方继续各说各话。

② *Austrian Economics in America: the Migration of a Tradition*. New York: Cambridge University Press, 1994, pp. 38–39.

为计划者在欠缺价格结构下无法正确地评估不同的计划案。

根据哈耶克后来的谈话,这场论战在20世纪20年代是由米塞斯主战的,在20世纪30年代则由他出征。①他发现那些人都犯了经济学方法论方面的错误,"正是这种错误观念导致了某些天真的想法,譬如,他们认为:'不管怎样,市场能做到的,我们都可以借知识来做得更完善。'"②。由于他和米塞斯所持的都是经济学推理,而非体制的正义性,反对者在难以反驳的情况下只能扩大米塞斯顺便提到的诱因问题。诱因问题是新古典经济理论的核心议题,但不是奥派理论的主要关注。于是,争议就在社会主义者的自顾自说下暂时停歇。1938年,奥斯卡·兰

---

①② [美]艾伦·艾伯斯坦:哈耶克传[M],秋风译,中信出版社,2014:89.

格和阿巴·勒纳等新古典学派学者提出新的"市场社会主义",主张中央计划局可以利用影子价格的价格结构去评估不同投资计划。在一般均衡理论下,影子价格的确可以利用均衡条件去估算。兰格的论述也就获得经济学界的普遍认同。

奥派在这十年经历了成员的流亡离散和两次学术争论失利的打击,影响力呈坠崖式下滑。哈耶克开始思考重建奥派的奋斗方向,从微观分析转到政治经济学,探讨人类社会即将遭遇的体制危机(正如他之前对世界性经济萧条的警告)。拉赫曼是哈耶克在伦敦政治经济学院指导的杰出学生。对哈耶克的转变,拉赫曼全看在眼里,并在一篇回顾文章中说道:"米塞斯和哈耶克是这一时期最杰出的奥派经济学家。1931年1月,哈耶克以《价格和生产》为演讲题目,顺利地踏上伦敦的讲台,很快就接任图克讲座教授。我在1933

年抵达伦敦政治经济学院,那时,院里主要的经济学家都是哈耶克派学者。但到了20世纪30年代末,他变成孤独的学者,专心地在战争期间编辑《经济学期刊》。20世纪30年代初,米塞斯算是维也纳工业商会的重要人士,也主办他那有名的私人研讨班。到了1940年8月,他却以难民身份到达纽约。这两项事实清楚地展示了奥派经济学在20世纪30年代的沧桑史。"[1]

体系拓展时期

如果不是特定学派受到政治压制,不同学派在思想市场的竞争就会如同商品市场的竞争,因此,那些受青睐的商品便会成为新的主流。对于

---

[1] Lachmann, L. "The Salvage of Ideas: Problems of the revival of Austrian economic thought," from L. Lachmann, *Expectations and the Meaning of Institutions*, 1982, p. 165.

推荐序二

20世纪30年代的迅速衰退，奥派推卸不了宣传失败的责任。学派也如同企业，企业家的使命就是将商品推销到市场，而不是只顾藏诸名山或待贾者来。如果商品已经被下架，就不宜再重复过去的营销方式，因为它没法激起消费者的意愿。企业家的责任是重新诠释商品，让它成为消费者的新期待和新的消费对象。

数学分析的崛起的确可以迷惑经济学家，但市场的容纳能力是多元的。商品的特色只要陈述清楚，就可能在自由市场中开创自己的垄断性市场。当奥派理论和新古典学派同质化之后，消费者会以较低的成本去挑选同质化商品。就经济理论的学习和应用来说，数学推演远比概念理解（先理解概念，再以理解的概念去理解经济事务）容易得多。这不是说奥派理论也必须跟上数学化，失败的事实已说明这样的转变不会带给它新的优势。产品的优势不是由生产者的认知（偏好和知识）定义的，而在于消费者的认知。企业家有能力改变消费者的认知，但这需要时间。在这之前或同时，企业家也能开发尚未进入市场的潜在顾客，或去寻找愿意花较高学习成本去获得数学推演得不到的较高级结论的潜在消费者。换言之，奥派如果要复兴，就必须从同质化的道路上掉头，重返门格尔不同于瓦尔拉斯的主观论，从而开拓时代期待的新理论。

米塞斯和哈耶克都扛起重担、力挽狂澜，只是需要时间去拓展新的理论。诚如柯兹纳指出的，1937—1948年，他们俩就回到门格尔的原初理念，重新去发现奥派理论。[①] 由于成长背景不

---

① Kirzner, Israel M. Hayek, the Nonel, and the Revival of Austrian. *Review of Austrian Economics*, 2015, pp. 225-236.

同，两人选择的道路并不相同。米塞斯以先验论深化奥派的主观论，而哈耶克以主观的知识论拓展奥派的市场过程理论。① 他们都是以主观论为出发点的。之所以会如此，哈耶克在《科学的反革命：理性滥用之研究》一书中很清楚地说道："或许可以毫不夸张地说，在过去数百年间，经济学的每一项重要的发展，都因主观论向前迈进一步而发生。"② 那么，他们要如何再向前迈进一步呢？

米塞斯是从书写《人的行动》开始的。这部巨著的英文版在1949年出版，但德文版在1940年就已问世。他那时居住在瑞士，那是他一生中

---

① Kirzner, Israel M. Hayek, the Nonel, and the Revival of Austrian. *Review of Austrian Economics*, 2015, p. 230.

② *A Counter-Revolution of Science: Studies on the Abuse of Reason.* Liberty Fund Inc, 1980, p. 31.

少有的幸福时光，也是奥派遭遇挑战和衰退的时期。《人的行动》只在讨论货币与信用时谈及凯恩斯，可以说，他重建门格尔理论的起点是着眼于对维塞尔的错误偏离的反思，因为这种错误造成奥派走向与新古典理论的同质化。

门格尔的主观论建立在亚里士多德的本质论基础上，譬如强调效用或偏好都不是政策可以改变的个人本质，但这种论述同时也假定了这些个人本质也不是个人自己可以改变的。于是，只要能立于高于个人之上的视野，就能看到这些个人本质的数据，也就很容易将这视野以数学表示为由上帝给定而与政府无关的效用函数。那么，只要允许经济学家在进行数学分析时扮演上帝，门格尔的效用理论也就等同于杰文斯的效用理论。为了避免门格尔的效用理论也受到数学分析的诱惑，米塞斯于是抽空效用与偏好本质的内容，仅保留其骨架和发展潜力。他认为，个人的存在是一个得由自己依发展潜力去给骨架填满内容的过程和使命。为了让个人填满属于他自己的效用内容，本质中也必然存在着行动的意志，允许个人在任何时间都可以决定或改变以填入本质的内容。他称这样的视野为先验的主观论。由于人的存在就是以行动去发展自己，扩展后的经济理论便完全不同于新古典学派的视野（也就是其基础建立在对给定资源善加利用的经济化决策行为上）。

米塞斯在纽约安顿之后，便开始寻找教职。在朋友的帮忙下，他于1944年接受纽约大学（当时还不是名校）的访问教授职位，薪水由私人基金会支付，情况很像当年维也纳大学对他授予的私人讲师职位。他不以为意，因为有了能在学校开设经济学研讨班的机会，诚如他在《回忆录》

中所说："任何职业都不如大学教职那样令我神往……私人讲师的头衔似乎已经为我从事有益的教学活动提供了充分的机会。"他在维也纳大学的头衔是助理教授，一直都没改变过；他在纽约大学的头衔是访问教授，也做了二十多年。

米塞斯开始以英文重写《人的行动》，也仍关注社会主义的发展。他于1944年出版了《全能政府》和《官僚体制》二书，告诉人们国家权力运作下的政治现实并非他们想象中的完美。1949年，《人的行动》的英文版发行，市场的热络程度远远超出米塞斯的预期，这让他在美国社会有了发言权。1956年，米塞斯在一次会议上对拉赫曼提到：他觉得在未来一些年里，认识论将成为社会科学的首要任务。[1] 当然，这只是他个人的看

---

[1] ［德］约尔格·吉多·许尔斯曼：米塞斯大传［M］，黄华侨主译，上海社会科学院出版社，2016：947.

法，但他自己的确在这样做：1956年出版《反资本主义的心境》，1957年出版《理论与历史》，1962年出版《经济科学的最终基础》。

如果说米塞斯是在给奥派重建"微观理论"，那么哈耶克则是在给奥派重建"宏观理论"。新古典学派的微观理论是：个人在给定的政府政策下，依其给定的偏好和生产技术，决定个人拥有资源的最佳配置。在米塞斯的微观理论中，他允许个人可以自行决定自己的偏好与生产技术，甚至去改变政府政策。但政府政策该如何产生？这在新古典学派属于宏观理论的内容。虽然米塞斯不偏向无政府主义，但他也不正面去探讨政府政策（主要是批评）。那么，奥派要如何建立自己的宏观理论？

早在《货币与信用理论》一书中，米塞斯就给货币建立了微观理论。奥派视货币为一种制度而非政策，因而便冷漠地看待政府政策。他们关心的"宏观"是制度，而非政策。制度是组织和规则的集合，因此，奥派的"宏观理论"就是对于组织与规则的经济理论，或更准确地说是对于组织与规则的起源与演化的理论。门格尔对"货币的起源"的论述采取的就是这一视野，并称之为"个人主义方法论"。米塞斯对于货币价值的回归理论，也是按照该方法论，只是他着重于陈述货币价值和主观论的关系。个人主义方法论和主观论是门格尔建立奥派的两件法宝，哈耶克就是想用这两件法宝去探讨所有的制度与组织的起源与演化。

循着这个蓝图，我们就可以理解哈耶克拓展奥派理论的焦点在于人与人之间的合作、协调与秩序。人们如果不想接受政府的控制，就得遵循社会自然生成的规则。那么，这些生成的规则又是如何出现的？如果回到门格尔的货币论述，那么我们会发现当有人发现更具有（市场）销售性的商品时，就会试图将它作为新货币。只要有人看到新货币的便利或被说服，该商品就开始成为新的货币。制度的起源或演化都是循着"有人新发现，接着有人跟随"的轨迹发展。这一轨迹不仅可见于货币的演化，更可见于市场上各种商品和交易形态。在市场上，这些先发现和跟随的人分别就是企业家和敢冒险的消费者。

总的来说，米塞斯在微观方面允许个人可以改变社会规则，而当许多人都接受新的社会规则，并在企业家和追随者一棒接过一棒后，就出现了哈耶克所关注的社会的合作、协调与秩序。社会的演化不像郁金香到了四月就自然会从土中冒出那般的自然演化，而是行动人居其间，以经济人所不具备的企业家精神在开创和跟随，不断地开拓出一条又一条新道路。米塞斯在1951年出版的《利润与亏损》是一个很好的例证，他清楚地说明市场机制的动力只能来自企业家精神和企业家的计算。同样地，哈耶克在1936年发表《知识在社会中的运用》、1948年发表《竞争的意义》和1968年的《竞争作为发现程序》[①]也都或明或暗地指出企业家在市场中的创新角色。这就是米塞斯和哈耶克重建后的完整的奥派体系，其中米塞斯深化了门格尔的主观效用理论，而哈耶克则拓展了门格尔采用的个人主义方法论。

复苏重建时期

拉赫曼出生于德国柏林，大学时曾赴苏黎世大学交流，并在那里读到了米塞斯和哈耶克的

---

① 原德文，2002年英译。

文章，因此开始对奥派产生兴趣。1933年，希特勒掌权，拉赫曼随即迁往伦敦，就读于伦敦政治经济学院，在哈耶克的指导下完成博士学位。毕业后，他任教于英国，发表数篇关于资本理论的文章。他是第一批不在维也纳训练出来的奥派学者。

顺便一提，这批学者也包括我国最早的奥派学者周德伟和稍晚一点的蒋硕杰。① 这两位前辈和拉赫曼接受的都是"门格尔—维塞尔—哈耶克"的理论体系，以及"米塞斯—哈耶克"的商业周期理论。当然，个人初期接受的片段知识，未必就是他之后建构的知识体系。以周德伟为例，他说：哈耶克于1934年"命余详阅孟格尔之《社会科学及经济学之讨论》，并命余习康德

---

① 周德伟是在1934年当哈耶克的指导学生，是拉赫曼的同学；蒋硕杰于1938年被录取，于1945年获得博士学位。

以后之德奥知识论及米塞斯之《共同经济》。此书即后来英文出版之《社会主义》之根据"。①但在1951年后的两年，他连续发表了三篇探讨《人的行动》的长文，分别是《经济与行动》《人文现象的领悟》《人的行动与文化》。②

1948年，拉赫曼举家移居南非约翰内斯堡，表面上的理由是金山大学给他正教授的职位，背后不无"道不行乘桴浮于海"的决心——拉赫曼毅然选择到非洲草原去继承奥派绝学。到南非后，拉赫曼全心于教职，并修改在英国时发表的资本理论的文章。1956年，他出版《资本及其结构》，把奥派

---

① 周德伟：落笔惊风雨——我的一生与国民党的点滴[M]，远流出版事业股份有限公司，2011：350．此处，孟格尔指门格尔，《社会科学及经济学之讨论》指《社会科学方法论探究》，《共同经济》指《社会主义共同体下的经济计算》。——编者注

② 周德伟：社会政治哲学论著[M]，龙田出版社，1981．

的资本理论拉回到门格尔的资本结构。该书虽没有完整的结构，但其内容已被视为哈耶克《纯粹资本理论》的续篇。拉赫曼因此书成名，也成为奥派复苏中最重要的台面人物。

在米塞斯的《人的行动》于美国大受欢迎前，哈耶克在1944年出版的《通往奴役之路》也造成洛阳纸贵。《纽约时报书评》将它当作头条新闻，《读者文摘》也刊登节选。在第二次世界大战后，即使凯恩斯理论盛行，人们对市场经济和自由主义的心态也已不再悲观。这些年，许多鼓吹自由主义的团体接续成立，如1945年伦纳德·里德设立的经济教育基金会、1947年哈耶克设立的朝圣山学会、安·兰德主义的兴起等。不过，它们时常为了国家的适当功能或国家干预的限制等问题而争议不休，甚至彼此敌视。譬如，米塞斯的前两大弟子森霍尔茨和罗斯巴德就不相往来，因为前者捍卫有限政府的古典自由主义，而后者鼓吹激进的无政府主义。1974年，在美国佛蒙特州南罗雅顿举行的奥派经济理论会议（简称佛蒙特会议），就是由拉赫曼、罗斯巴德和米塞斯的另一位弟子柯兹纳（三位在当时都是奥派的中生代）共同向与会的奥派后世学者传授奥派理论。很遗憾，森霍尔茨因和罗斯巴德因不合没参与。那时，哈耶克也因严重的忧郁症而未能飞到美国。

许多人将佛蒙特会议视为奥派浴火重生的"复苏会议"，但柯兹纳认为，较适宜的说法应是奥派在"复兴之路"上最后点燃薪柴的一程，因为在这之前的日子是薪柴和燃油的漫长准备期。奥派的复兴并不是来自奇迹，而是来自十多年时间营造出来的自由主义氛围、满腔热情并愿意追随的新生代，以及培养蓄意待发的新领导人。这三个条件在当时都已经成熟。出于相同的社会氛围，哈耶克在会议后一个月荣获1974年的诺贝尔经济学奖。

佛蒙特会议之后，拉赫曼接受柯兹纳的邀请到纽约大学授课并主持研讨班。1987年，高龄的他已无法每年两地飞行，便回南非长住，直至过世。[①]复兴后的奥派在美国形成"北柯南罗"的两大本营：前者是以柯兹纳为中心的纽约大学和乔治梅森大学的奥派学者群，后者是以罗斯巴德为中心的米塞斯研究院和分散在美国南方各大学的奥派学者群。这两个阵营也水火不相容，据说双方直到2011年才达成和解，由对立转为合作。

乔治梅森大学的卡伦·沃恩见证了佛蒙特会议和奥派复兴。1974年，她在田纳西大学教书，

---

① 拉赫曼去世后，他的学生彼得·李文（Peter Lewin）继承了他对资本理论的研究。

因受朋友的邀约而参加了会议。她说会议的名称是"路德维希·冯·米塞斯：批判性的重新评估"（Ludwig von Mises: Towards a Critical Reappraisal），而当天的晚宴演讲是安排罗斯巴德和柯兹纳谈他们敬爱的老师米塞斯。所以，这是一场缅怀刚刚过世的米塞斯的集会，不算正式的研讨会，因为会议内容主要是三位讲者（虽然也有评论者）在讲授他们各自理解的奥派理论。

沃恩是这样陈述她对奥派的首次接触："尽管我被奥地利学派对市场经济的辩护吸引，但在我看来，这是对教义纯洁性的要求，而不是公开的争论。但罗斯巴德以这种态度鼓励他的追随者。这让我对奥派却步，也对他和他的想法持谨慎态度。然而，正是接受芝加哥学派训练的詹姆斯·布坎南（我当时认为是主流的学者）同意米塞斯和哈耶克都说出了一些重要的话，这才给了我信心去追求奥地利学派的经济理解方法。"[1]

沃恩提到布坎南,是因为她被要求在会议上讨论罗斯巴德的一篇论文。由于自觉只是新手,她在讨论前仔细阅读了论文参考文献中的每一篇文章,包括布坎南在《伦敦政治经济学院探讨成本之论文集》[2]的序言。她说布坎南以一种"不认为自己属于奥派却又非常严肃地讨论该学派理论的态度"在论述奥派学者,这令她感动。她一生都在研究奥派经济学,虽然自称亲近而不隶属于奥派。她于1998年出版《奥地利学派经济学在美国:一个传统的迁入》,该书已成为认识奥派发展的重要经典。

---

[1] Vaughn, Karen I. Remembering Jim Buchanan. *Review of Austrian Economics*, 2014, p. 158.

[2] Buchanan, J. M. and Thirlby, G. F., *L. S. E. Essay on Cost*. London School of Economics, 1973.

米塞斯重视的两件事

米塞斯在1940年的《回忆录》部分章节和1969年的完整自述里，巨细靡遗地记下奥派发展过程的点点滴滴。然而，他最惦念的还是学派在对抗邪恶时的坚持和传承自由思想这两件事。这是一体两面，因为明日的坚持力量来自今日传承的自由思想。或许是出于这类考虑，他这两次的文字便分别陈述了这两件事。

对抗邪恶

在那个时期，米塞斯所指的邪恶是德国的法西斯政权，并将这邪恶从本质上推到学术界的德国历史学派。他在《回忆录》中说道："在德语世界，人们奉施穆勒为政治经济学的宗匠巨

推荐序二

擘……在许多忠实信徒的推波助澜之下,这种相对主义已经堕落成对过去和过去体制的盲目崇拜……老一辈的历史学派学者保持一种对西方思想的民族主义的怨恨,年轻一代的历史学派则把纳粹分子拒绝西方思想的理由掺杂进来。"他指名道姓,称维尔纳·纳桑特在希特勒执掌大权时,就撰文宣称"元首是天命之人"。

米塞斯在1969年出版的小册子,用了一半的篇幅批判德国历史学派。他首先指出德国历史学派偏颇的立论原则。他说,古典学派既然以逻辑论证出政府干预必然失败,德国历史学派若不能接受,就"只有一条路可走,即原则上拒绝一切声称其原理普遍有效的社会经济知识,认为只有经济史和经济描述才具有研究价值,而那些与经济现象的相互联结关系相关的基础研究则是'抽象的'和'不科学的'"……于是,他们彻底否定门格尔采用的逻辑论述的方法论。门格尔当时也清楚地看到这点，便于1883年出版《社会科学方法论探究》（以下简称《探究》）批判德国历史学派对逻辑论述的漠视，并指出其严重后果：任何历史陈述若没有理论为依据，其论述便都不是确切无疑的。

米塞斯接着门格尔在《探究》中的批判，指出德国历史学派因无法在逻辑上否定古典学派，才选择从更底层的方法论去责难古典学派。德国历史学派在经验主义的哲学传统下，把经济学看成一门类似物理学的实验科学，并通过这一视角认定古典学派的假设也源于经验。他们不愿让人看出是在直接地拒绝自由主义，便在言语上质疑古典学派所推出的结论并不具有普世价值，因为那些结论只不过是根据英国特殊经验所推演的结果，而德国的经验就不同于英国经验。换言之，他们否定存在一种对所有国家、民族和时代都普遍有效的经济学。于是，如米塞斯所说，"为了支持自己的观点，他们引用了各种历史先例……德意志第二帝国的经济学堕落成一种凌乱无章、七拼八凑的杂糅品，其间塞满了从历史学、地理学、工艺学、法学和政党政治中借来的各种知识碎片，穿插了各种针对古典学派'抽象'错误的反对言论"。①

那么，德国历史学派为何不能接受英国的经验？米塞斯简单地提及"英国政治经济学对财富的关注及其与功利主义的关系"，也就是说，"在德国教授的眼里，这样的学科简直卑劣无比……在以高雅文化自居的人当中，仅仅是提及财富和金钱这样的低级东西就成了一种禁忌"。

---

① 米塞斯认为，将这种现象看成是德国特有的现象是不公平的，因为这种错误不是只发生在德国。

米塞斯没去批评这类高尚精神，因为学者们自柏拉图以来就幻想能出现具有高尚精神的仁慈统治者。苏格兰启蒙运动试图改变这种思维，但欧陆的启蒙哲人仍期盼当时的君王能华丽转身成仁慈的统治者。

米塞斯在1929年的演讲主题是"怀念门格尔"，出乎意料地，他对德国历史学派谈得甚少。或许是深刻理解门格尔心中的痛，他才在《回忆录》揭露道："门格尔为何变得心灰意冷，正值盛年却要偃旗息鼓？其中缘由，我想我是知道的。他敏锐的头脑已经认识到了奥地利、欧洲和世界的命运。他眼睁睁看着世界上'最非同凡响''最无与伦比'的文明（19世纪和20世纪的西欧）正冲向毁灭的深渊。他预见了我们今天经历的所有恐怖（第二次世界大战）。他知道整个世界背离真正的自由主义（而不是离经叛道的左派所认为的美国自由主义）和资本主义的后果……卡尔·门格尔在预见自己的特洛伊城不可避免沦陷之时，几乎还没度过半生。"米塞斯甚至怀疑鲁道夫王储的自杀是受到门格尔悲观情绪的感染，那是对自己的帝国和欧洲文明感到绝望，而不是为了一个女人。

不过，米塞斯在这次演讲中也留下一段很著名的批判："即使执政的历史主义者没有注意到这一点，也不意味着他们不靠理论行事。这只是意味着，他们对于事先研究其理论的正确性、深入思考其理论的逻辑结论、整合与系统化其理论、探索其理论的不可辩驳性和逻辑一致性，以及将其理论与事实进行核对，已经没有任何诉求。因此，该学派的研究不是基于有用的、无可辩驳的理论，而是基于站不住脚的、因充满矛盾而被他人长期丢弃的谬论。这些都是这个学派的研究成果。"

自由主义的传承

对自由主义的传承，米塞斯在《回忆录》中清楚地说"这的确是经济学家的责任"。要将责任奉行，经济学家除了要"愿意去做"外，也会期待友善的环境。米塞斯在1969年的演讲就是先陈述环境，然后才谈及奥派学者的行动。

米塞斯提出一个奥派兴起过程中的关键问题：为什么在专制的政治环境下，门格尔还能提倡主观论？他给出的回答是：德国的大学属帝国所有，教授们只能讲授政府允许的内容，以至于"在1871年之后的德意志帝国，自由贸易和自由放任的'异类'学说已经没有容身之所"。但奥地利的大学则不相同，因为它们受益于1867年自由党成功推动的宪法和补充的基本法，因而废除了政府和宗教的书报审查制度,便享有了比欧陆其他国家更大的学术自由。他说:"在1918年哈布斯堡王朝解体之前,自由主义者说服皇帝于1867年接受的宪法及其补充性的基本法律依然大体有效。"既然政治和宗教权力的强制打压已经不存在,学术思想的改革者就失去了责怪政治环境恶劣的权利。于是,改革者不能只具有推出新理念的抱负和冲动,还必须抱有扭转环境的使命,以及相应的行动。

先说维也纳大学的学术自由环境。米塞斯指出三项核心内容:第一,大学教师虽然也具有公务员的身份,但没有上级指导员,因而在课堂和研讨班所教授的内容不会受到干涉;第二,大学教师的聘任与升迁等属于学院的内部事务,即使相关的政府官员想介入也需要遵从学院的运作规则;第三,学院的教学任务开放给经过学术审定的"私人讲师",即便他不是该校的雇员。这三项学术自由吸引了欧洲各国的优秀学者前来演讲,并在各领域开创新学说,打造出19世纪辉煌的维也纳学术成就。

在这三项学术自由中,前两项是对政府权力的约束,第三项的私人讲师制度则跨过消极自由的界限,善加利用了政府释放教学公共空间的善意。私人讲师没有来自政府的工资,必须向愿意来听课的学生收取费用。米塞斯说,私人讲师能收到的学费大都无法支付其生活费用,因此他们都有其他正职。这种无薪酬政策能长期地保护他们免受来自政府的刁难和威胁,也保障该制度不会遭受预算不足的借口而被任意取消。当优秀学者可以自由进入校园开课后,新理论就有了公开曝光和正式传播的通道,也可以和学院的既有理论竞争。米塞斯说,不仅门格尔曾以私人讲师的

推荐序二

身份在大学开课,当时有名的心理学学者西格蒙德·弗洛伊德也是。

有了自由的环境,还需要行动。就奥派来说,门格尔开创了新理论,但没创立学派;奥派是在庞巴维克和维塞尔的努力下壮大成形的。有意思的是,他们二人都不是门格尔亲自指导的学生,而是毕业于其他大学,都因阅读了门格尔的《原理》才"带枪投靠",来到维也纳大学。这传奇展现了中国传统的"道统继承":继承者不必是学统成员(是的话更好),但得在深度理解其经典文献后,能以时代语言和新思想重新开发原初理论的生命力(也就是"立言")。立言之后,他们还有传授下一代的使命,实现"为往圣继绝学"的终极目标。

当时,庞巴维克和维塞尔加入了门格尔开设的研讨班。研讨班就蕴含着这种自由主义的传承传统。研讨班分为在校内开设的研讨班和在校外开设的私人研讨班,但都对外开放。研讨班的学员可分为三类:想继续深入探讨理论的指导学生、受该教师吸引而来的非指导学生,以及校外仰慕该教师的学者。门格尔研讨班的杰出成员就不只庞巴维克和维塞尔,还有(米塞斯提及的)两位非凡的捷克学者弗朗茨·库赫尔和卡雷尔·英格利斯,以及(哈耶克提到的)门格尔的学生欧根·菲莉波维奇和来自瑞典的追随者努特·维克塞尔。

庞巴维克和维塞尔在担任教职后,也都有自己的研讨班。庞巴维克研讨班的杰出学员较多,有奥托·鲍威尔、理查德·施特里格尔、奥托·纽伊拉特、弗朗兹·魏斯和尼古拉·布哈林,以及米塞斯和比他小两岁的熊彼特。维塞尔研讨班的名气相对较小,学员代表是将来接任教席的汉斯·迈

推荐序二

尔。米塞斯因货币理论的见解不同于维塞尔,从未参与他的研讨班。

米塞斯于1914年开始在维也纳大学任教,并于1919年在校外开设私人研讨班。他说,校内研讨班的上课时间很少,一般是每周2—3小时,无法满足想深入学习的学员,因而他开设了校外的私人研讨班。他在1962年的演讲内容就集中于他在维也纳和纽约开设之私人研讨班的点点滴滴。1926年,迈尔接任维塞尔的教席后,也开设了研讨班。这时的维也纳大学就存在两个研讨班,其中米塞斯的研讨班名气较大,杰出学员包括莱奥·舒恩费尔德、阿尔弗雷德·舒茨、戈特弗里德·哈伯勒、弗里茨·马赫卢普、保罗·罗森斯坦-罗丹、奥斯卡·摩根斯坦恩以及哈耶克等。迈尔的研讨班也吸收到几位米塞斯的学员,如舒恩费尔德、罗森斯坦-罗丹和摩根斯坦恩等。

米塞斯在纽约开设的研讨班，其学员有威廉·彼得森、汉斯和乔治·赖斯曼等，以及在1974年佛蒙特会议担任主讲者的罗斯巴德和柯兹纳。米塞斯在维也纳的研讨班学员到美国后，大多让他失望和痛心（哈耶克除外），但纽约大学的研讨班学员带给他慰藉和骄傲。[①] 在维也纳时，研讨班学员大多学过维塞尔传授的理论，也就采用了讨论方式；在纽约时，新参与的成员大多像张白纸，米塞斯只能以亲自开讲的方式传授。他说，私人研讨班通常每周或隔周聚会一次，他们会先找个餐厅一起吃晚饭，再转到咖啡厅讨论，时常到深夜才结束。

门格尔和其他奥派前辈以其学说、著作和自身行动，彰显他们对自由主义的追求。米塞斯以

---

① 他的这种感觉可从上文提到他在1962年的演讲中看出，具体可参见正文。

推荐序二

门格尔拒绝为《原理》发行第二版为例阐释道："一个开拓者的责任是尽其所能地做自己力所能及的事，但没有义务宣传自己的思想，更别提用一些可疑的方法使自己的思想被人们接受。"的确如此（当然也不仅如此），他们彰显了自由主义的原意——个人主观意识下的理性、义不容辞的行动，以及对他人选择的尊重。

黄春兴

台湾清华大学教授

第一部分

奥地利学派经济学的历史背景（1969年）

一、卡尔·门格尔与奥地利学派经济学

1. 开端

人们所知的奥地利学派经济学始于1871年。当时,卡尔·门格尔(Carl Menger)出版了一本名叫《国民经济学原理》(*Grundsätze der Volkswirtschaftslehre*)的袖珍小书。

人们习惯于追溯环境对天才所取成就的影

响。至少在一定程度上，他们倾向于把天才的功绩归因于他所处环境的作用，以及他所在时代和国家的舆论氛围。尽管这种方法在某些情况下可能会卓有成效，但毫无疑问，它都不适用于那些其思想、理念和学说对人类至关重要的奥地利人。伯纳德·博尔扎诺（Bernard Bolzano）、格雷戈·孟德尔（Gregor Mendel）和西格蒙德·弗洛伊德（Sigmund Freud）并没有受到他们的亲戚、老师、同事或朋友的鼓舞。[1]他们的付出没有

---

[1] 伯纳德·博尔扎诺、格雷戈·孟德尔和西格蒙德·弗洛伊德分别为著名的数学家、生物学家和心理学家。伯纳德·博尔扎诺在数学方面的知名成就有二分法和博尔扎诺-魏尔斯特拉斯定理，他同时也是一名神学家、哲学家、逻辑学家、天主教神父和反军国主义者，代表作为《无限悖论》（*The Paradoxes of the Infinite*，1851）和《科学理论》（*Wissenschaftslehre*，1837）；格雷戈·孟德尔是现代遗传学的创始人，他在1856—1863年进行的豌豆植物实验发现了许多遗传规则，现被称为孟德尔定律；西格蒙德·弗洛伊德是精神分析学的创始人，被普遍认为是20世纪最有影响力的思想家之一，代表作包括《梦的解析》《精神分析学引论》《性学三论》等。——译者注

第一部分　奥地利学派经济学的历史背景（1969年）

赢得其同时代同胞和祖国政府的赞赏。就博尔扎诺和孟德尔的专门领域而言，他们是在一片可以被称为思想荒漠的环境中开展其主要工作的。而且，早在人们开始领悟其贡献的价值之前，他们就去世了。当弗洛伊德在维也纳医学协会首次公开他的学说时，他遭到了嘲笑。

有人可能会说，卡尔·门格尔发展的主观主义和边际主义的理论已是山雨欲来。它早已被几位先驱预示。此外，大约在门格尔撰写并出版其书的同一时期，威廉·斯坦利·杰文斯（William Stanley Jevons）和里昂·瓦尔拉斯（Léon Walras）[①] 也撰写并出版了阐述边际效用概念的

[①] 杰文斯、瓦尔拉斯和门格尔一起被称为"边际三杰"。杰文斯是英国人，在《政治经济学理论》（1871年）中提出了价值的边际效用理论。瓦尔拉斯是法国人，在《纯粹政治经济学要义》（1974年）中运用了边际分析，同时也是一般均衡的开创者，并以此创立了洛桑学派。——译者注

书。无论如何，可以肯定的是，对于这个令他心潮澎湃的问题，他的所有老师、朋友或同事都毫无兴趣。有一次，在第一次世界大战爆发前，我告诉他，我们年轻的维也纳经济学家经常在非正式但定期的会议上讨论经济学理论问题，他若有所思地说："当我像你这么大的时候，维也纳没有人关心这些事情。"一直到19世纪70年代末，这个世界都没有"奥地利学派"，只有卡尔·门格尔。

欧根·冯·庞巴维克（Eugen von Böhm-Bawerk）和弗里德里希·冯·维塞尔（Friedrich von Wieser）从未在门格尔门下学习过。在门格尔开始以私人讲师身份（Privat-Dozent）授课之前，他们就完成了在维也纳大学的学业。他们从门格尔处所学的东西，都来自对《国民经济学原理》的研究。在德国的各所大学，特别是在海德

第一部分　奥地利学派经济学的历史背景（1969年）

堡的卡尔·克尼斯（Karl Knies）[①]研讨班待了一段时间后，他们回到奥地利出版了各自的第一本书，并分别受聘于因斯布鲁克大学和布拉格大学，在那里讲授经济学。很快，一些参加过门格尔研讨班并受到其个人影响的年轻人，壮大了为经济研究发光发热的作者队伍。一开始，外国人把这些人称为"奥地利学者"（the Austrians）。但是到后来，在门格尔的第二本书《社会科学方法论探究》（*Untersuchungen über die Methode der Sozialwissenschaften und der Politischen Oekonomie insbesondere*）于1883年出版后，当其与德国历史学派的对立开始公开化时，"奥地利学派经济学"（Austrian School of Economics）这个名词才被使用。

[①]　卡尔·克尼斯为德国统计学家、经济学家，是历史学派的重要代表人物。——译者注

2. 奥地利学派经济学和奥地利的大学

19世纪70年代初，在门格尔于1873年被任命为维也纳大学的助理教授之前，门格尔在奥地利内阁的新闻部任职。奥地利内阁由自由党成员组成，他们主张公民自由、代议制政府、法律面前人人平等、健全货币和自由贸易。19世纪70年代末，自由党被由教会、捷克和波兰的贵族，以及斯拉夫各民族的民族主义政党组成的联盟驱逐。这个联盟反对自由主义者支持的一切理想。然而，在1918年哈布斯堡王朝（Habsburg Empire）解体之前，自由主义者说服皇帝于1867年接受的宪法及其补充性的基本法律依然大体有效。

在由这些法规保障的自由氛围中，维也纳成为新思维方式先驱者们的重镇。从16世纪中叶到18世纪末，奥地利与欧洲的思想成就完全无

第一部分　奥地利学派经济学的历史背景（1969年）

关。在维也纳，没有人关心西欧的哲学、文学和科学——奥地利之外的其他省份更是如此。当莱布尼茨（Leibniz）和后来的大卫·休谟（David Hume）踏上维也纳时，这片土地并没有对其工作表示好感的当地人。[①] 在19世纪下半叶以前，除了博尔扎诺以外，没有一个奥地利人对哲学或历史科学作出过任何重要贡献。

但是，当自由主义者解除了阻碍一切思想活动的枷锁，废除了审查制度并宣布宗教协定无效时，杰出的思想家开始涌向维也纳。他们中的有些人来自德国，比如哲学家弗朗兹·布伦塔诺（Franz Brentano），以及同是律师和哲学家的洛伦茨·冯·施泰因（Lorenz von Stein）与鲁

---

① 当时公开表示欣赏莱布尼茨哲学作品的维也纳人是萨沃伊的尤金（Eugene）王子，他是法国家庭的后裔，在法国出生并在法国接受教育。

道夫·冯·耶林（Rudolf von Jhering）。除此之外，他们中的大多数人来自奥地利各省，少数人则出生在维也纳。这些引领者之间并没有达成一致的意见，其追随者也是如此。前道明会修士（Dominican）布伦塔诺开辟了一条最终引向胡塞尔（Husserl）现象学的思想路线。马赫（Mach）是引向石里克（Schlick）、卡尔纳普（Carnap）和他们"维也纳圈子"（Vienna Circle）的逻辑实证主义哲学的倡导者。布洛伊尔（Breuer）、弗洛伊德和阿德勒（Adler）以一种与克拉夫特-埃宾（Krafft-Ebing）和瓦格纳-乔雷格（Wagner-Jauregg）截然不同的方式，来解释神经官能症现象。

奥地利的"信仰与指导部"以怀疑的目光打量着所有这些努力。自19世纪80年代初期以来，其内阁部长和这个部门的员工都是从最可靠的保守派，以及所有现代思想和政治制度的反对者中

第一部分 奥地利学派经济学的历史背景（1969年）

挑选出来的。对于这些在其看来是"外来风尚"的东西，他们只有蔑视。这些人恨不得把所有这类新奇事物挡在大学门外。

但是，大学在自由主义思想影响下获得的三项"特权"，使其行政权力受到严格限制。和所有其他公务员一样，教授们也是公务员。他们必须服从上级，也就是内阁部长及其助手的命令。但是，这些上级无权干预课堂和研讨班上所讲授的学说内容。在这方面，教授们享受着人们常说的"学术自由"。此外，部长在任命教授（或者，更确切地说是向皇帝建议任命某位教授）时，有义务（尽管这一义务从未明确规定过）遵从相关学院的建议。最后还有私人讲师制度。出版过一本学术著作的博士，可以要求相关学院承认他是本学科不受限制的私人教师。如果该学院决定支持申请人，仍然需要得到部长的许可。实际上，在许士尼格（Schuschnigg）①统治时代之前，这种请愿一直都能得到批准。从这个角度来说，这种正式承认的私人讲师并不是公务员。即使被授予教授的头衔，他也不从政府那里领取薪水。少数私人讲师可以靠自己的存款生活。但是，他们中的大多数人都得另谋生路。大多数情况下，他们从选修其课程的学生那里收取费用的权力微不足道。

这种学术事务安排的结果是，教授委员会在管理学校方面几乎享有无限的自主权。经济学是在各个大学的法律和社会科学学院讲授的。大多数大学都有两个经济学教席。如果这些职位中有一个空缺，一群律师（最多还有一位经济学家）就会选择继任者。因此，这个决定取决于那群不是经济学家的人。我们可以合理地假设，这

---

① 许士尼格于1934年成为奥地利第一共和国的总理。——译者注

第一部分　奥地利学派经济学的历史背景（1969年）

些法学教授的出发点都是好的；但他们不是经济学家。他们必须在两种对立的思想流派中做出选择，一方是"奥地利学派"，另一方则是在德意志帝国的大学里授课的所谓"现代"历史学派。即使没有政治和民族主义的偏见干扰他们的判断，他们也不禁对德意志大学教授们专门称为的"奥地利"思想路线产生些许怀疑。奥地利从来没有产生过新的思想方式。在按照德国的大学模式重组（1848年革命后）之前，奥地利的大学就是一片荒漠。对于不熟悉经济学的人来说，用"奥地利"来形容一种学说，带有强烈的反对改革和梅特涅（Metternich）[①]黑暗时代的气息。对于一个奥地利知识分子来说，自己的国家再次陷入

[①] 梅特涅自1801年起担任奥地利帝国的大使，自1809年起任外交大臣，1815年主持维也纳会议，1821年兼任奥地利帝国首相。他在任内反对一切民族主义、自由主义和革命运动，其统治的1815—1848年被称为梅特涅时代。——译者注

过去时代的思想荒漠，真的是糟糕透顶。

在奥地利的门外汉看来，"方法论之争"是"现代"科学与"落后"奥地利的冲突。在此之前，卡尔·门格尔、维塞尔和庞巴维克就分别在维也纳大学、布拉格大学和因斯布鲁克大学获得了教席。他们的同事对他们没有个人恩怨。但只要有可能，他们就试图把历史学派的追随者从德国带到奥地利的大学。在奥地利的大学，那些被世人称为"奥地利经济学家"的人，多多少少有点像被勉强容忍的外来者。

3. 奥地利知识界的奥地利学派

在伟大的自由主义时代，法国和德国的大学更为杰出。这些大学不只是为新一代专业人士提供专业实践所需教育的学习机构，它们也是文化中心。学校里的一些老师闻名世界，受到全世界的尊敬。选修其

第一部分　奥地利学派经济学的历史背景（1969年）

课程的不仅有打算获得学位的正规学生，还有许多活跃在各个专业领域、商业领域或政治领域的成年男女，后者只希望在课堂中获得知识上的满足。严格来说，这些局外人并不是学生，他们蜂拥至巴黎学习勒南（Renan）、甫斯特尔·德·库朗日（Fustel de Coulanges）和柏格森（Bergson）的课程，涌向柏林学习黑格尔（Hegel）、亥姆霍兹（Helmholtz）、蒙森（Mommsen）和特莱奇克（Treitschke）的课程。①

---

① 勒南是哲学家、历史学家和宗教学家，著有《宗教历史研究》《法兰西知识与道德改革》《耶稣传》《科学的未来》等著作；甫斯特尔·德·库朗日是历史学家，其代表作为《古代城邦》《土地所有权的起源》；柏格森和黑格尔均为哲学家，前者的代表作包括《形而上学导论》《时间与自由意志》《创造进化论》等，后者的代表作包括《逻辑学》《美学》等；亥姆霍兹为物理学家、数学家、生理学家、心理学家、发明家，有人称其为最后一位"博学家"；蒙森为历史学家、法学家、记者、考古学家、政治家，1902年诺贝尔文学奖获得者，其最知名的作品为《罗马史》；特莱奇克为历史学家、政治学家，代表作有《政治学》《德意志、法兰西、俄国与伊斯兰》。——译者注

对于学术界的工作,这些受过教育的公众兴致盎然。精英人士阅读教授们出版的书籍和杂志,加入他们的学术团体,并如饥似渴地参与各种会议的讨论。

在这些只把空闲时间用于研究的业余爱好者中,有些人绝不限于浅尝辄止。现代科学史记录了许多这种夺人眼球的"局外人"的名字。例如,一个典型的例子是,德意志第二帝国对经济学唯一的(尽管不是划时代的)卓越贡献,是由一位企业法律顾问(来自法兰克福的大忙人)海因里希·奥斯瓦尔特(Heinrich Oswalt)做出的。在他写书时,法兰克福还没有大学。①

在19世纪最后几十年和20世纪初的维也纳,大学教师与这个城市受过教育的公众同样关系甚

---

① Cf. H. Oswalt, *Vorträge über wirtschaftliche Grundbegriffe*, 3rd ed.(Jena, 1920).

第一部分　奥地利学派经济学的历史背景（1969年）

笃。当年老的大师们去世或退休，而影响力较小的人顶替其教席时，这种关系就开始消失了。这一时期，维也纳大学的名气和这个城市的文化卓越地位，被几位私人讲师维持并有所提升。最突出的例子是精神分析学。它从未得到任何官方机构的鼓励。它在大学之外生根发芽、蓬勃发展。弗洛伊德作为一个拥有毫无意义教授头衔的私人讲师，是精神分析学与学术官僚阶层的唯一联系。

在维也纳，由于奥地利学派创始人终于在多年的传承中赢得了认可，人们才对经济学问题有着浓厚的兴趣。这种兴趣使笔者在20世纪20年代开设了私人研讨班，创办了经济学学会（Economic Association），并建立了奥地利商业周期研究所（在后来则被更名为奥地利经济研究所）。

私人研讨班与大学或任何其他机构没有任何

联系。在笔者奥地利商会的办公室里，一群学者（其中有几位私人讲师）每个月都有两次聚会。大多数参与者是在第一次世界大战结束后开始学术研究的，他们都相对年轻。还有一些年纪稍长。由于对整个人的行动科学领域有着浓厚的兴趣，他们团结一致。在讨论中，他们处理哲学、认识论、经济学理论和历史研究各个分支的问题。1934年，当笔者被瑞士日内瓦的国际关系研究生院任命为国际经济关系教授时，这个私人研讨班也随之戛然而止。

除了英年早逝的理查德·冯·施特里格尔（Richard von Strigl，过早地结束了他辉煌的科学生涯），以及路德维希·贝特尔海姆–加比隆（Ludwig Bettelheim-Gabillon，关于他，我们将在后文有更多的介绍），私人研讨班的所有成员都在奥地利以外找到了适合的领域，以学者、作家和教师的身份继续他们的工作。

在从19世纪60年代初建立议会到1938年纳粹入侵之间的时光里,维也纳在精神领域厥功至伟。在几个世纪的贫瘠与荒凉之后,精神之花突然绽放。在纳粹入侵的许多年前,其凋零也已经开始。

思想探索是少数人的工作,而且也只受到少数精英的赏识。对于这些壮举,许多人痛恨不已、不屑一顾,好一点则是漠不关心。在维也纳,在奥地利,精英人士凤毛麟角,广大群众及其领导人尤其对他们深恶痛绝。

4. 奥地利内阁成员庞巴维克和维塞尔

经济学之所以不受欢迎,是因为它分析了特权的影响。人们不可能反驳经济学家的论证,即所有特权都将损害这个国家的其他人,或者至少是很多人的利益。只有当特权也被授予那些受害者时，他们才会容忍这种特权的存在。然后，当每个人都享有特权时，由于劳动生产率的普遍下降，没有人是赢家——也就是说，每个人都是输家。[1] 然而，贪婪的人无视经济学家的警告，他们清楚地知道，如果不借助特权，自己就无法在竞争市场中取得成功。他们相信自己将比其他群体获得更有价值的特权，或者，至少在一段时间内，他们可以阻止其他群体得到任何补偿性的特权。在他们眼里，经济学家只是想破坏他们计划的害人精。

当门格尔、庞巴维克和维塞尔开始他们的科学生涯时，他们并不关心经济政策的问题，也不关心用古典经济学反对干预主义。他们决心把经

---

[1] Mises, *Human Action*, 3rd ed, 1966, pp. 716-861.

第一部分 奥地利学派经济学的历史背景（1969年）

济学理论建立在健全的基础上，并将其视作他们的天职，准备全身心地投入这一事业。门格尔十分反对奥地利政府（就像那个时代几乎所有的政府一样）采取的干预主义政策，但是，对于如何使政府回归好的政策，他觉得除了在自己的书和文章，以及在大学教学中阐述好的经济学之外，别无他法。

庞巴维克于1890年加入奥地利财政部。他曾两次短暂地担任管理内阁的财政部部长。1900—1904年，他在欧内斯特·冯·克贝尔（Ernest von Körber）领导下的内阁中担任财政部部长。庞巴维克在工作中的行事原则是：严格维持法定的金平价，以及不接受任何来自中央银行援助的预算平衡。一位杰出的学者路德维希·贝特尔海姆-加比隆，计划出版一部分析庞巴维克在财政部工作的综合性著作。不幸的是，纳粹杀害了他并销毁了他的手稿。①

在第一次世界大战期间,维塞尔曾在奥地利内阁担任过一段时间的商务部部长。然而,他的活动受到了无处不在的权力的制约——在他上任之前,商务部的一名官员理查德·里德尔(Richard Riedl)就已经获得了这一权力。实际上,只有一些无关紧要的事情留给维塞尔本人裁决。

---

① 只有两章(这两章在德国吞并奥地利之前出版)得以留存。"Böhm-Bawerk und dieBrüsseler Zuckerkonvention" and "Böhm-Bawerk und die Konvertierung von Obligationen der einheitlichen Staatsschuld" in *Zeitschrift fur Nationalokonomie*, Vol. VII and VIII (1936 and 1937)。

二、与德国历史学派的冲突

1.德国对古典经济学的排斥

古典经济学理论的教义在欧洲大陆遭遇的敌意,主要是由政治上的偏见造成的。由几代英国思想家发展、大卫·休谟和亚当·斯密精妙阐述、大卫·李嘉图完善的政治经济学,是启蒙主义哲学无与伦比的精美果实。它是旨在建立代议制政府和法律面前人人平等的自由主义学说的核心。它被所有那些特权受到损害的人拒之门外，这一点不足为奇。在德国，随着民族主义精神的兴起，对经济学不屑一顾的风气被进一步深化。这种最终导致纳粹主义对西方文明（哲学、科学、政治学说和制度，以及艺术和文学）的狭隘否定，起源于对英国政治经济学的激烈诋毁。

然而，人们不应该忘记，这种对政治经济学的反叛还有其他原因。这一新的知识分支，提出了学者们没有找到满意解决办法的认识论和哲学问题。它无法融入传统的认识论和方法论体系。那种主导西方哲学的经验主义倾向，使人们把经济学看作一门像物理学和生物学那样的实验科学。一门处理物价和工资等"实际"问题的学科，可能具有不同于其他处理实际问题的学科的认识论特征——这种观点超出了那个时代的理解范围。但另一方面，只有

第一部分 奥地利学派经济学的历史背景（1969年）

最冥顽不灵的实证主义者才认识不到，在经济学设法提供知识的领域是不能进行实验的。

我们不需要在这里讨论经济学在20世纪的新实证主义或超实证主义时代的发展状况。今天，在世界各地，但首先是在美国，许多统计学家在研究所废寝忘食地投身于赢得人们信任的"经济研究"。他们收集政府和各商业单位提供的数据，对其重置、重整、重印，计算均值并绘制图表。他们认为自己是在"测量"人类的"行为"，而且认为自己的研究方法与物理、化学和生物研究实验室中所用之法没什么区别。对于他们口中所说的那些依靠"太多推测思维"（而不依靠"实验"），并且与"老古董"植物学家类似的经济学家，他们的眼里满是遗憾和蔑视。[1]

---

[1] Arthur F. Burns, *The Frontiers of Economic Knowledge* (Princeton University Press, 1954), p. 189.

他们深信，在自己孜孜不倦的努力下，终极的完整知识终有一天会浮现，从而使未来的计划当局确保所有人获得圆满的幸福。

但是，对于19世纪上半叶的经济学家来说，对人的行动科学基本原理的错误构建还不算病入膏肓。他们试图解决经济学的认识论问题，其结果当然是全面溃败。然而，回顾过去，我们可以说，在通往更令人满意的解决问题的道路上，这种挫折是一个必要的步骤。正是约翰·斯图尔特·密尔（John Stuart Mill）对道德科学方法的失败处理，无意中暴露了所有在经济学性质方面进行经验主义解释的论点都是无效的。

当德国人开始研究英国古典经济学著作时，他们毫无疑问地接受了经济学理论来自经验的假设。但是，对于那些不同意必须用古典学说所推出的结论来指导相应政治行动的人来说，这种简

第一部分 奥地利学派经济学的历史背景（1969年）

单的解释并不能使他们感到满意。他们很快就提出了问题：英国作家得出定理的经验与德国作家所面临的经验难道不是不同的吗？英国的经济学难道不存在缺陷吗？——因为它处理的经验材料只来自大不列颠，而且只是汉诺威王朝乔治时代（Hanoverian Georges）的大不列颠。说到底，是否存在一种对所有国家、民族和时代都有效的经济科学呢？

那些把经济学视为实验学科的人如何回答这三个问题，我们有目共睹。但这样的回答相当于对经济学本身的断然否定。如果历史学派否认经济学这门科学的存在，并且除了谨小慎微地报告过去某个特定时刻、地球上某个特定地区发生的事件之外，不做其他任何陈述，那么这个学派就是前后一致的。预测某一特定事件的后果，只能建立在一种普遍有效，而不仅仅对过去某个特定国家所发生的事件有效的理论基础上。历史学派断然否认存在这种普遍有效的经济定理。但是，这并不妨碍他们以科学的名义推荐或拒绝各种旨在影响未来状况的意见或措施。

古典学说中关于自由贸易和保护的影响就是例子。批评家们并没有在李嘉图的推理链中发现逻辑错误（这项工作毫无希望），而只声称在这些问题上不可能有"绝对"的解决办法。他们说，在某些历史情况下，自由贸易或贸易保护的影响与那些"空谈"作家所描述的"抽象"理论截然不同。为了支持自己的观点，他们引用了各种历史先例。在这么做的过程中，他们将历史事实兴高采烈地抛在一边——这些历史事实往往是许多因素共同作用的结果，既不能证明也无法反驳任何定理。

于是，以由政府任命的大学教授为代表的德

第一部分　奥地利学派经济学的历史背景（1969年）

意志第二帝国经济学，便堕落成一种凌乱无章、七拼八凑的杂糅品，其间塞满了从历史学、地理学、工艺学、法学和政党政治中借来的各种知识碎片，穿插了各种针对古典学派"抽象"错误的反对言论。对于在其著作和课程中宣传帝国政府的方针（专制保守主义、社会政策、保护主义、大规模军备和激进的民族主义），大多数教授或多或少怀有一片热忱之心。把政治对经济学的这种干预看作德国特有的现象是不公平的。归根结底，它是由对经济学理论认识论的恶意解释造成的，这种错误不仅仅限于德国。

英国政治经济学对财富的关注，以及其与功利主义哲学的关系，是19世纪的德国（尤其是德国的大学）对其产生怀疑的第二个因素。

在当时流行的政治经济学定义中，其被描述为处理财富生产和分配的科学。在德国教授的眼里，这样的学科简直卑劣无比。教授们认为自己是以克己忘我精神追求纯粹知识的人，而不像那些追求物质的赚钱机器，只醉心于世俗财产。在以高雅文化自居的人当中，仅仅是提及财富和金钱这样的"低级"东西就成了一种禁忌。经济学教授只有指出其研究主题不是逐利企业的卑鄙行为，而是历史研究（比如勃兰登堡选举人团和普鲁士国王的崇高功绩），其地位才能在他们的同事圈中屹立不倒。

功利主义面临的问题同样严重。功利主义哲学在德国的大学没有容身之地。在两位杰出的德国功利主义者中，路德维希·费尔巴哈（Ludwig Feuerbach）从未得到任何教学工作，而鲁道夫·冯·耶林（Rudolf von Jhering）则是罗马法的教师。两千多年来，针对快乐论（hedonism）和幸福论（eudaemonism）提出的所有误解，被

第一部分　奥地利学派经济学的历史背景（1969年）

社会科学的教授们在批评英国经济学家时反复提及。[1] [2] 如果没有别的事情挑起德国学者的怀疑，他们就会谴责经济学，理由只有一个，那就

---

[1] 后来，类似的论点被用来诋毁实用主义（pragmatism）。威廉·詹姆斯（William James）的名言说的是实用主义方法的目的在于挖掘每个词的"实际现金价值"［practical cash-value，参见《实用主义》（*Pragmatism*, 1907, p. 53）］，但这被用于描述"美元哲学"的卑劣。

[2] "实用主义之父"威廉·詹姆斯认为，实用主义侧重于在对立的思想流派之间辨别真理。他在其著作《实用主义》中指出："为了理解真相（truth），我们必须考虑拥有真实信念（true beliefs）的实用的'现金价值'（pragmatic 'cash-value'）和拥有真实想法（true ideas）之间的实际差异（practical difference）。"对于"现金价值"一词，詹姆斯指的是通过实用主义方法辨别争论背后的真相所产生的实际后果（practical consequences），即使在其中达不成什么令人满意的答案。在这种情况下，实用主义方法则必须试图通过追踪其相应的实际后果来解释每个观念。可见，实用的"现金价值"体现的是一种实际的后果。王振林在《威廉·詹姆士：超越主客对立的交往哲学》（2007）中，将"practical cash-value"翻译成"实践的现金价值"。——译者注

是边沁（Bentham）和密尔父子对经济学做出过贡献。

2.德国在经济学领域的贫瘠

德国的大学由组成德意志帝国的各个王国和大公国拥有和经营。① 教授们是公务员，因此必须严格遵守上级，也就是公立教育部的官僚们发布的命令和规定。大学及其教学完全无条件地服从至高无上的政府，这种做法遭到德国自由主义公众舆论的挑战，但徒劳无功。1837年，汉诺威国王辞退了7位抗议国王违反宪法的哥廷根大学教授。政府对公众的反应不屑一顾。官员们继续开除那些与其政治或宗教学说不一致的教授。但过了一段时间，他们采用了更微妙且更有效的方

---

① 德意志帝国本身只拥有和经营斯特拉斯堡大学。三个德国城邦在当时并没有任何大学。

第一部分 奥地利学派经济学的历史背景（1969年）

法，这使教授们成为官方政策的忠实支持者——在任命候选人之前，他们对其精挑细选。只有靠谱的人才能获得任命。于是，学术自由问题就退居幕后。教授们心甘情愿地只讲授政府允许的东西。

1866年的战争结束了普鲁士的宪法冲突。保王党（由俾斯麦领导的贵族地主的保守党）战胜了代表议会政府的普鲁士进步党和南德意志（Southern Germany）的民主团体。在新的政治环境［首先是北德意志联邦（Norddeutscher Bund），然后是1871年的德意志帝国[①]］下，自由贸易和自由放任的"异类"学说已经没有容身之所。柯尼希格雷茨（Königgrätz）和色丹（Se-

---

[①] 北德意志邦联成立于普奥战争结束后，是普鲁士于1871年建立德意志帝国的一个过渡组织。——译者注

dan）战役①的胜利者认为：面对"小店主之国"的英国人或战败的法国人，自己没有什么可以学习的。

1870年战争爆发时，德国最杰出的科学家之一杜布瓦雷蒙（Emil du Bois-Reymond）夸下海口，他说柏林大学是"霍亨索伦（Hohenzollern）王室的知识卫士"。这对自然科学意义不大，但对人的行动科学有着明确而精准的意义。历史学和政治科学（Staatswissenschaften，包括所有涉及经济和金融的内容）的在职教授们知道统治者对他们的期望。他们照单传授知识。

---

① 柯尼希格雷茨战役被认为是普奥战争中最重要的一场战役，发生于1866年7月3日。对普鲁士来说，该战争的胜利为其建立德意志帝国扫除了奥地利这个障碍。色当战役发生于1870年9月1日普法战争时期，战斗的结果是普军俘虏了法皇拿破仑三世及其麾下军队，此战役实际上决定了普鲁士及其盟军在普法战争中的胜利。——译者注

第一部分　奥地利学派经济学的历史背景（1969年）

1882—1907年，弗里德里希·阿尔托夫（Friedrich Althoff）在普鲁士教育部负责大学事务。他是一个统治着普鲁士大学的独裁者。普鲁士拥有数量众多的高薪教职，因此为志向远大的学者提供了得天独厚的场地。德意志其他邦国的教授，甚至包括奥地利和瑞士的教授，对于在普鲁士谋得一官半职，都如饥似渴。因此，通常说来，阿尔托夫也可以让他们几乎完全接受自己的原则和观点。在所有有关社会科学和历史学科的问题上，阿尔托夫完全依赖他的朋友古斯塔夫·冯·施穆勒（Gustav von Schmoller）的建议。施穆勒在区分"好坏"方面有一种准确无误的天赋。

1825—1875年，一些德国教授对经济学理论做出的贡献价值连城。的确，这一时期最引人注目的贡献不是来自教授们的工作，而是来自杜能

(Thünen)和戈森(Gossen)这样没有从事教学任务之士的作品。[1]但是,赫尔曼(Hermann)、曼戈尔特(Mangoldt)和克尼斯教授的著作仍将被经济思想史铭记。然而,在1866年之后,进入学术界的人对"毫无血色的抽象概念"只有蔑视。他们发表历史学研究,宁可处理诸如最近的劳动状况问题。他们中的许多人坚定地认为,经济学家的首要任务是在反对"剥削者"的解放战争中帮助"人民",而人民的天赐领袖就是各个王室,尤其是霍亨索伦王室。

3. 方法论之争

在《社会科学方法论探究》中,门格尔不同

---

[1] 杜能被认为是经济地理学和农业地理学的创始人,其代表作是《孤立国同农业和国民经济的关系》;戈森被认为是边际效用理论的先驱,其代表作是《人类交换规律与人类行为准则的发展》。——译者注

第一部分 奥地利学派经济学的历史背景（1969年）

意隐含在历史学派著作中的认识论观点。施穆勒对这本书发表了一篇相当轻蔑的评论。1884年，门格尔用一本小册子《德国国民经济学中历史学派的错误》（*Die Irrtümer des Historismus in der Deutschen Nationalökonomie*）做出回应，这次争议所产生的各种出版物以"方法论之争"（The Methodenstreit）为名被人铭记。

"方法论之争"对澄清相关问题的贡献微乎其微。门格尔受约翰·斯图亚特·密尔的经验主义影响太大，以至于无法将自己的观点贯彻到底，从而得出圆满的逻辑推论。施穆勒和他的信徒们致力于捍卫一个站不住脚的立场，他们甚至没有意识到争论是什么。

当然，"方法论之争"这个词是有误导性的。因为这个争论并不是要找出最合适的机制来处理通常被认为是经济问题的问题。争论的根本是，在研究人的行动的各个方面时，是否存在一门不是历史学的科学。

首先是激进的唯物主义决定论，这是一种当时在德国几乎被物理学家、化学家和生物学家普遍接受的哲学，尽管它从未被清楚明确地阐述过。在这些人看来，人类的思想、意志和行动是由物理和化学事件产生的。有朝一日，自然科学将会用今天描述化合物的合成方式（由不同元素结合而成）来描述它们。作为通向这一最终科学成就的唯一道路，他们主张在生理学和生物实验室进行实验。

施穆勒和他的信徒们之所以强烈反对这种哲学，不是因为他们知道它的缺陷，而是因为它与普鲁士信奉的原则不相容。事实上，他们更喜欢一种与孔德（Comte）的实证主义（当然，他们也因为实证主义的无神论和法国血统，而公开贬

第一部分　奥地利学派经济学的历史背景（1969年）

低实证主义）大同小异的学说。实际上，经过合理解释的实证主义必然导致唯物主义决定论。但孔德的大多数追随者在这方面并没有直言不讳。他们的讨论并不总是排除这样一个结论：在他们看来，建立社会物理学（社会学）定律是科学的最高目标，而这可以通过他们所说的更"科学"的方法（这种方法处理的材料是由历史学家的传统方法组装起来的）来实现。这正是施穆勒在经济学方面所持的立场。他一次又一次地指责经济学家们过早地从数量不足的材料中得出推论。在他看来，为了用一门现实的经济学来取代英国"空谈"经济学家们的草率概括，需要的是更多的统计数据、历史记载和"材料"收集。他坚持认为，有了这些研究结果，未来的经济学家终有一天会通过"归纳法"发展出新的见解。

施穆勒思维混乱。在自己的认识论学说和反

驳实证主义对历史的批评之间，他没有看到其中的不一致。他没有意识到自己与德国哲学家观点之间的鸿沟，这些德国哲学家推翻了实证主义关于运用和处理历史的观点——先是狄尔泰（Dilthey），然后是温德尔班德（Windelband）、李凯尔特（Rickert）和马克斯·韦伯（Max Weber）。在他谴责门格尔《国民经济学原理》的同一篇文章中，他也评论了狄尔泰的第一部重要著作《精神科学引论》（*Einleitung in die Geisteswissenschafte*）。但是，他没有领会这样一个事实：狄尔泰学说的主旨是对他认识论基本命题（从历史经验中提炼出一些社会发展的规律）的毁灭性打击。

4. 方法论之争的政治背景

英国的自由贸易哲学在19世纪的西欧和中欧

第一部分 奥地利学派经济学的历史背景（1969年）

取得了胜利。它推翻了专制福利国家那摇摇欲坠的思想观念（这种思想观念在18世纪指导了德意志公国的各种政策），甚至普鲁士也暂时转向了自由主义。其自由贸易时期的顶点是1865年关税联盟的关税率，以及1869年北德意志联盟（后来的德意志帝国）的贸易法典。但是，俾斯麦政府很快就开始实行其社会政策，即一整套的干预主义措施体系，如劳工立法、社会保障、亲工会态度、累进税制、保护性关税、垄断和倾销。[1]

对于经济学就所有这些干预主义计划的适当性提出的毁灭性批评，如果有人试图反驳，他就不得不否认经济学和行动学的存在（更不用说其认识论的主张了）。这是所有拥护威权主义、政府全能和"福利"政策的人一直在做的事情。他

---

[1] Mises, *Omnipotent Government* (Yale University Press, 1944), p. 149.

们指责经济学是"抽象的",并提倡用"直观"方式来处理所涉及的问题。他们强调,这个领域的问题太复杂,无法用公式和定理描述。他们断言,不同的国家和种族彼此之间差异如此之大,其行为不能被一种统一的理论理解。有多少国家和种族,就需要多少经济学理论。其他人补充说,即使在同一个国家或种族内,经济活动在不同的历史时期也是不同的。为了诋毁经济学,人们提出这些和类似的反对意见(这些意见往往相互矛盾)。

事实上,在德意志帝国的大学,经济学已灰飞烟灭。伯恩大学(University of Bonn)只剩下一位古典经济学的追随者海因里希·迪策尔(Heinrich Dietzel)。但是,他也从未理解主观价值理论的含义。其他所有大学的老师都忙着嘲笑经济学和经济学家。在柏林、慕尼黑和德意志

第一部分　奥地利学派经济学的历史背景（1969年）

帝国的其他大学里，那些作为经济学的替代品流传下来的东西是不值得研究的。今天，没有人关心古斯塔夫·冯·施穆勒、阿道夫·瓦格纳（Adolf Wagner）、卢约·布伦塔诺（Lujo Brentano）以及研究他们的众多专家在其大部头著作和杂志上所写的一切。

历史学派工作的政治意义在于：它为德国提供了安全可靠的思想，而对这些思想的接受则使那些导致大灾难的糟糕政策在德国人民之中广受欢迎。两次以战争和失败告终的侵略性帝国主义，20世纪20年代初不受控制的通货膨胀、经济管制，以及纳粹政权制造的所有恐怖，都是政客们的成就，他们按照历史学派的拥护者们所教导的那样行事。

施穆勒和其朋友、信徒提倡国家社会主义（state socialism），也就是一种最高管理权掌握在贵族地主手中的社会主义制度——计划体制。俾斯麦和他的继任者所瞄准的正是这种社会主义。他们所面临的一小群商人的怯懦反对之所以微不足道,并不是因为这些反对者人数不多,而是因为他们的努力缺乏任何思想观念的支持。德国已经没有自由主义思想家了。对国家社会主义政党的唯一抵抗来自社会民主党的马克思主义政党。和施穆勒社会主义者(讲坛社会主义者,kathedsozialisten)相同,马克思主义者也主张社会主义。这两者之间的唯一区别在于,他们应该选择谁来执掌最高计划委员会:贵族地主、教授和普鲁士霍亨索伦王室的官僚机构,还是社会民主党及其附属工会的成员。

因此,施穆勒学派在德国唯一要对抗的是马克思主义者。在这场争论中,后者很快就占了上风(因为他们至少有一套学说)。历史学派

第一部分 奥地利学派经济学的历史背景（1969年）

的要旨是否定任何理论。施穆勒学派为了寻求一些理论支撑，开始逐步借用马克思主义者的精神食粮。最后，施穆勒本人在很大程度上赞同包含了阶级斗争和思想家的阶级属性影响其"意识形态"的马克思学说。他的一位朋友和教授同事威廉·莱西斯（Wilhelm Lexis），发展出一种被恩格斯认为是对马克思剥削理论进行改写的利息理论。① "资产阶级"这个名称在德语中有了一层不光彩的含义，这正是社会政策旗手们所写作品的结果。

第一次世界大战的惨败让德国王室、贵族和官僚颜面扫地。历史学派和社会政策的专家们将他们的忠诚转移到各个分裂的团体中，而最后在其中脱颖而出的就是德国国家社会主义工人

---

① 更多的细节分析，请参见Mises, *Kritik des interventionismus,* (Jena, 1929), p. 92.

党——纳粹。

从历史学派的工作到纳粹主义的这条路线，不能通过描绘该学派一位创始人的发展历程来表现。因为在1918年战败和希特勒崛起之前，方法论之争的主角们都已经去世。但该学派第二代杰出人物的一生，反映了从俾斯麦到希特勒这一时期德国大学经济学的所有阶段。

维尔纳·桑巴特（Werner Sombart）是施穆勒学生中最有天赋的一个。在方法论之争最激烈的时候，他的导师把评阅和攻击维塞尔著作《自然价值》（*Der natürliche Wert*）的工作交给了他。当时，他才25岁。这位忠实的信徒谴责《自然价值》"完全不可信"。[①] 20年后，桑巴特自豪地说，他自己生命中的大部分时间都在与

---

① *Schmoller's Jahrbuch*, Vol. 13（1889）, pp. 1488-1490.

第一部分　奥地利学派经济学的历史背景（1969年）

马克思战斗。[1] 当1914年战争爆发时，桑巴特出版了一本书《小贩和英雄》（*Händler und Helden*）。[2] 在这本书里，他以粗鄙俗气的语言反对所有英国或盎格鲁-撒克逊人的东西，但其矛头尤指英国哲学和经济学，认为这些东西是一种卑鄙临时工心态的表现。战后，桑巴特修订了他关于社会主义的书。战前，这本书一共出版了9个版本。[3] 战前的版本赞扬马克思主义，而第十版则疯狂地攻击它，尤其因为它的"无产阶级"特征以及它缺乏爱国主义和民族主义。几年后，通过在一本书中痛斥那些他无法理解其思想的经济学

---

[1] Sombart, *Das Lebenswerk von Karl Marx* (Jena, 1909), p. 3.

[2] Sombart, *Händler und Helden* (Munich, 1915).

[3] Sombart, *Der proletarische Sozialismus*, 10th ed. (Jena, 1924), 2 Vol.

-111-

家，他试图复活方法论之争。[1]后来，当纳粹夺取政权时，他以一本关于德国国家社会主义的书，为他45年的写作生涯画上了圆满的句号。这部作品的指导思想是：元首从宇宙中至高无上的元首（上帝）那里得到指示，而且元首本身就是永恒的启示。[2]

从施穆勒对霍亨索伦选举人团与国王的赞颂，到桑巴特将阿道夫·希特勒奉为圣徒，这就是德国学院经济学的发展历程。

---

[1] Sombart, *Die drei Nationalökonomien* (Munich, 1930).

[2] Sombart, *Deutscher Sozialismus* (Charlottenburg, 1934), p. 213. (In the American edition: *A New SocialPhilosophy*, translated and edited by K. F. Geiser, Princeton, 1937, p. 149.) 桑巴特的成就受到了国外的赞赏。因此，他在1929年被选为美国经济学协会的荣誉会员。

第一部分 奥地利学派经济学的历史背景（1969年）

5.奥地利学派经济学家的自由主义

柏拉图梦想有一个仁慈的暴君，他将权力托付给智慧的哲学家，以建立完善的社会制度。启蒙运动并没有把希望寄托在良善的统治者和有远见的圣人（这些人的出现或多或少具有偶然性）身上。这种对人类未来的乐观主义，建立在对人的良善品质和理性思维的双重信念上。过去，少数恶棍（狡诈的国王、亵渎神明的牧师、腐败的贵族）会作恶。但现在，根据启蒙运动的学说，当人们意识到自己的理性力量时，便不再害怕会回到过去那些黑暗和堕落的时代。每一代新人都能在其祖先所成就的事业上有所建树。因此，人类正处于向更令人满意的时代不断前进的前夕。稳步前进是人的天性使然。为失去所谓美妙黄金时代的乐园哀鸣无济于事。理想的社会状态就在我们眼前，而不在我们身后。

19世纪，大多数提倡代议制政府和普选权的自由主义、进步派和民主派的政治家，都是由对普通人理性思维绝对正确的坚定信心引导的。在他们看来，大多数人不会犯错。那些源自人民并得到选民认可的观念，必然有利于大众福利。

重要的是要认识到，由一小群自由主义哲学家提出的支持代议制政府的论据是完全不同的，而且其论据并没有暗示任何所谓绝对可靠的多数人。休谟曾指出，政府总是建立在意见的基础上。从长远来看，多数人的意见总是处于上风。一个得不到多数人意见支持的政府迟早会失去权力。它若拒不交出权力，就会被多数人暴力推翻。如果有人准备按照被多数人认为适当的原则统治，那么人民终有权力让其成为掌舵者。从长远来看，一个不受欢迎的政府维持着被民众谴责

第一部分 奥地利学派经济学的历史背景（1969年）

为不公平的制度，这种事情是不可能存在的。代议制政府的基本原理并不是大多数人都像上帝一样绝对正确。它的目的是通过和平的方式，对政治制度进行最终不可避免的调整，并使掌管这一机制的人符合多数人的思想观念。如果能在下次选举中顺利推翻一个不受欢迎的政府，革命和内战的恐怖阴云便会烟消云散。

真正的自由主义者坚定地认为，市场经济（保证人类物质福利稳步上升的唯一经济制度）只有在不受干扰的和平中才能发挥作用。他们之所以支持由人民选出的代表组成的政府，是因为他们理所当然地认为，只有这种制度才能持久地维持国内和外交事务的和平。

这些真正的自由主义者与那些盲目崇拜多数人自封为极端主义者的人的区别在于，他们对人类未来的乐观不是建立在对多数人绝对正确的神秘信心之上，而是建立在坚实的逻辑论证力量是不可抗拒的这一信念之上。他们不是没有看到，绝大多数普通人都太迟钝、太懒惰，无法理解和吸收冗长的推理。但他们希望，正是由于迟钝和懒惰，这些群众才会不由自主地赞同知识分子带给他们的思想。从有文化的少数人的健全判断力及其劝服多数人的能力出发，19世纪自由运动的伟大领袖们期待人类事务的稳步改善。

在这一点上，卡尔·门格尔和他最早的两个追随者——维塞尔和庞巴维克完全一致。在门格尔未发表的论文中，哈耶克教授发现了这样一条注释："揭露一种推理模式的荒谬性的最佳方法就是，让其推理进行到底。"他们三人都喜欢引用斯宾诺莎在他的《伦理学》第一本书中的论点，该书以著名的格言结尾，"正如光明显现着自身并昭示出黑暗，真理既评判着自身，也裁决

第一部分　奥地利学派经济学的历史背景（1969年）

出谬误"。他们冷静地看待历史学派等思想流派的狂热宣传。他们完全相信，这些派别在逻辑上站不住脚的教条最终会因其荒谬而被所有理智的人拒绝，而众多的普通人必然会跟随知识分子的领导。①

这种论辩模式的智慧在于它避免了一种流行的做法，即利用所谓心理学来对抗逻辑推理。诚然，推理中的错误往往是由个人倾向于选择错误的结论而不是正确的结论引起的，甚至存在许多人的情感偏好促使他们干脆无法正常思考的情况。但是，这些事实的存在与上一代人在"知识社会学"名义下所教授的理论还是相去甚远。只要思想家自己既要面对前人的成就，也要面对前人的错误，并在同意或反对的问题上与前人进行

---

① 需要补充的是，门格尔、庞巴维克和维塞尔对奥地利帝国的政治前途极为悲观。但这里并不讨论这个问题。

虚拟的讨论，人类的思维和推理、人类的科学和技术就都是社会过程的产物。思想史可以通过分析一个人的生活和工作条件来理解他的失败和功绩。在这个意义上，我们只可以讨论某个时代、某个民族、某种环境下的精神。但是，如果一个人试图通过参考思想家所处的环境来解释一个观念的产生，这便陷入了循环论证，更不必说其正确性。观念总是从一个人的头脑中产生出来的，历史只能说明，观念产生自某一特定时刻的某一特定之人。一个人之所以有错误的思想，其理由只有一个，就像奥地利政府曾对一个战败的将军说过的那样：谁也不能对自己不是天才负责。心理学也许可以帮我们解释为什么一个人的思想错误，但其解释不能把错的变成对的。

奥地利学派的经济学家坚决反对普鲁士历史学派教义中隐含的逻辑相对主义。与施穆勒及其

第一部分 奥地利学派经济学的历史背景(1969年)

追随者的观点格格不入的是,他们坚持认为:有一套适用于所有时间与地点,所有民族和种族特性,所有宗教、哲学和伦理观念的人的行动的经济学定理。

这三位奥地利经济学家通过反对历史主义的空洞批评维护了经济学事业,他们做出的这种伟大贡献怎么评价也不为过。他们并没有从其认识论信念中得出任何与人类未来发展相关的乐观看法。无论人们多么支持正确的逻辑思维,都不能证明后代人将在知识的付出和成就上超过他们的祖先。历史一再表明,在取得非凡思想成就的时期之后,随之而来的就是衰退期。我们无法知道,下一代是否能培养出一些可以沿着缔造了19世纪辉煌的天才的道路走下去的人。对于能使一个人在知识进步的道路上前进的生物条件,我们一无所知。我们不能排除这样一种假设,即人类在知识上的进一步提升可能是有限度的。当然，我们也不知道，在这种提升过程中是否有一个限度（超过了这个限度，知识分子领袖就不能再成功地说服群众，使他们跟随自己的领导）。

奥地利学派经济学的经济学家从这些前提中得出的结论是：虽然一个开拓者的责任是尽其所能地做自己力所能及的事，但没有义务宣传自己的思想，更别提用一些可疑的方法使自己的思想被人们接受。他们并不关心自己作品的发行量。门格尔没有为其著名的《国民经济学原理》发行第二版，尽管这本书早已绝版，二手书的价格也卖得很高，出版商还一再催促他同意。

奥地利学派经济学家主要关心的唯一一点是：为经济学发展作贡献。除了通过自己著作和文章所具备的说服力这一方法之外，他们从不试图通过其他方法来赢得任何人的支持。对于"德

第一部分　奥地利学派经济学的历史背景（1969年）

语国家的大学（甚至奥地利的许多大学）对经济学本身（尤其是对主观主义的新经济学说）很不友好"这一事实，他们毫不在乎。

三、奥地利学派经济学在经济学发展中的地位

1."奥地利学派"和奥地利

当德国的教授们把"奥地利"这个称号加到门格尔及其两个最早的追随者和继承者的理论上时,他们在其中暗含的是蔑视之意。在柯尼希格雷茨战役之后,用"奥地利"来修饰某个东西的含义,就像赫伯特·斯宾塞轻蔑地称"思想总

第一部分　奥地利学派经济学的历史背景（1969年）

部"在柏林一样。① 但这种故意的抹黑适得其反。很快，"奥地利学派"的称号就闻名于世。

当然，给一种思想贴上国家标签的做法必然会产生误导。只有极少数的奥地利人（就此而言，还有极少数的非奥地利人）深谙经济学。而且，无论人们所说的这个称号所涉及的标准有多么宽泛，奥地利人中能被称为经济学家的人都很少。此外，在奥地利经济学家中，有些人并没有遵循"奥地利学派"的路线——其中最著名的是数学家鲁道夫·奥斯皮茨（Rudolf Auspitz）和理查德·里本（Richard Lieben），以及后来的阿尔弗雷德·阿蒙（Alfred Amonn）和约瑟夫·熊彼特（Josef Schumpeter）。另一方面，致力于沿着"奥地利学派"所开启的道路前进的外国经济

---

① Herbert Spencer, *The Study of Sociology*, 9th edition (London, 1880), p. 217.

学家的数量却在稳步增加。起初，这些英国、美国和其他非奥地利的经济学家的努力有时会在其自己的国家遭到反对，他们被批评者讽刺地称为"奥地利学者"。但几年后，奥地利学派的所有基本思想几乎都被接受为经济学理论的一个组成部分。大约在门格尔去世的时候（1921年），人们已不再区分奥地利学派经济学和其他经济学。"奥地利学派"这个称谓成为经济思想史上一个重要篇章的名称，它不再是一个拥有与其他经济学家不同学说的特定学派的名称。

当然，有一个例外。这个例外就是笔者首先在《货币与信用理论》（*Theory of Money and Credit*），最后在专著《人的行动》（*Human Action*）中以商业周期的货币或信用流通理论为名阐释的商业周期的原因和过程，被一些写作者称为"奥地利商业周期理论"。和所有那些与国

第一部分　奥地利学派经济学的历史背景（1969年）

家相关的标签一样，这也令人反感。信用流通理论是英国货币学派最先提出，并被后世经济学家们［包括瑞典人克努特·维克塞尔（Knut Wicksell）在内］做出若干补充的思想的延续、扩展和概括。

由于一直以来在提到"奥地利学派"时，就不可避免地涉及其国家性质的标签，因而有必要对奥地利学派经济学家所属的语言群体稍加说明。门格尔、庞巴维克和维塞尔是说德语的奥地利人，他们说德语，并用德语写书。他们最杰出的学生约翰·冯·科莫钦斯基（Johann von Komorzynski）、汉斯·迈尔（Hans Mayer）、罗伯特·迈尔（Robert Mayer）、理查德·席夫勒（Richard Schiffler）、理查德·冯·施特里格尔和罗伯特·扎克坎德尔（Robert Zuckerkandl）也是如此。在这个意义上，"奥地利学派"的工作是德语哲学和科学的成就。但是在门格尔、庞巴维克和维塞尔的学生中也有不讲德语的奥地利学派学者。比如，两位捷克人弗朗茨·库赫尔（Franz Cuhel）和卡雷尔·英格利斯（Karel Englis）都因其杰出贡献闻名于世。

2. 方法论之争的历史意义

19世纪的最后25年，德国特殊的思想和政治环境导致了两个学派的思想冲突，并由此产生了方法论之争和"奥地利学派"这个名称。但在这场争论中表现出来的对立并不局限于某个特定的时期或国家。这种对立一直存在。和人类天性一样不可避免的是：不管在什么社会，劳动分工及其必然结果（市场交换）达到的某种程度，使得每个人的生存都依赖于他人的行为举止。在这样一个社会里，每个人都得到他同胞的服务；反

第一部分 奥地利学派经济学的历史背景（1969年）

过来，他也为他们服务。这些服务都是自愿提供的：为了让某人为我做一些事，我必须为他做一些他不愿意做的事。整个体系就建立在这种交换服务的自愿性基础上。严酷的自然条件使人不能无忧无虑地享受存在于世的乐趣。但他融入市场经济共同体是自发的，这是他认识到没有更好的生存方式（或者，其实本来就是没有其他的生存方式供他选择）的结果。

然而，这种自发性的意义和内涵，只有经济学家才能把握。所有那些不熟悉经济学的人，也就是绝大多数人，都找不出理由来解释为什么不应该用武力强迫其他人去做他们自己本来不愿意做的事情。那些采取身体强制措施的机构依靠的是政府的警察力量，还是政府所默许的非法的"纠察队"暴力，在此过程中都没有任何区别。重要的是用强制代替自愿行动。

由于一系列可以被称为偶然事件的政治条件，在现代，对和平合作哲学的排斥首先被普鲁士国的臣民发展成一种全面的学说。俾斯麦三次战争的胜利使德国的学者们泥足深陷，他们大多数都是俾斯麦的仆人（公务员）。在那些其军队于1866年和1870年被击败的国家，施穆勒学派的思想被接受得最慢——有些人认为这个事实很能说明问题。当然，在奥地利经济学理论的兴起和哈布斯堡政权的失败、溃败和挫折之间寻找任何联系是荒谬的。然而，法国国立大学远离历史决定论和社会政策的时间长于其他国家的事实，至少在某种程度上是由附在这些学说上的普鲁士标签造成的。但这种拖延没有实际意义。法国像所有其他国家一样，成为干预主义和禁止经济学的大本营。

尼采（Nietzsche）和乔治·索雷尔（Georg-

第一部分 奥地利学派经济学的历史背景（1969年）

es Sorel）在哲学上完成了美化政府干预（武装警察的行动）的思想。他们创造了大多数指导法西斯主义和纳粹主义屠杀的口号。颂扬谋杀乐趣的知识分子、鼓吹审查制度的作家、不根据思想家和作家的贡献价值（而是根据他们在相关战场上取得的成就）来评判其优点的哲学家，① 是我们这个冲突不止的时代的精神领袖。那些美国作家和教授把自己国家的政治独立和宪法起源归因于"利益"的巧妙把戏，而那俄国的苏维埃世界令他们心驰神往，这是怎样的奇观啊！

19世纪的伟大之处就在于，古典经济学在某种程度上成了国家和社会的主导哲学。他们把传统的等级社会转变为自由公民的国家，把王室的专制主义转变为代议制政府——最重要的是，

---

① Julien Benda, *La trahison des clercs*（Paris, 1927）, pp. 192–295.

把旧政权下大众的贫困转变为资本主义自由放任下大众的幸福。今天，国家主义和集体主义的反动力量正在侵蚀西方文明和福祉的基础。也许有些人是对的，他们断言现在阻止野蛮和毁灭的最终胜利已经太晚了。无论如何，有一件事是肯定的：只有采取经济分析所阐明的那些可以实现所求目的的合适政策，社会（也就是人们在分工原则下的和平合作）才能存在和运作。我们这个时代最糟糕的错觉就是，盲目地信任那些与我们目标背道而驰的万能药（对此，经济学家们已经给出了无可辩驳的证明）。

政府、政党、压力集团和教育阶层的官僚们认为，通过抵制和压制独立的经济学家，他们可以不用承受不当措施下的必然后果。但是，即使不再有人说出真理，它也亘古长存，且势不可当。

第二部分

维也纳和纽约大学演讲

一、维也纳门格尔纪念日演讲：
卡尔·门格尔的贡献（1929年）[①]

今天，借此在维也纳大学中庭举办卡尔·门

[①] 参见 *Neue Freie Presse*, January 29/30, 1929. 原标题为《卡尔·门格尔和奥地利学派经济学》，鉴于前文中有类似标题，为避免重复和与前文标题有所区别，以及与文章内容更贴合，故将标题做出改动。本文原文为德文，翻译主要来自米塞斯的私人助理贝蒂娜·比恩·格里夫斯（Bettina Bien Greaves），同时在个别地方参考了阿尔伯特·兹拉宾格（Albert Zlabinger）的译文。——译者注

格尔纪念仪式之际，我们不妨看看奥地利学派经济学创始人门格尔所完成的工作。这绝不仅仅是对逝者的追悼。尽管奥地利学派的各个创始人已不在我们身边，但他们的研究成果坚如磐石，发挥着绵延不绝的影响。他们的贡献已经成为经济学理论中所有科学探索的基础。今天的每一种经济学思想都与门格尔及其学派阐明的理论密切相关。1871年，门格尔的第一部科学性作品《国民经济学原理》出版。那一年通常被认为是我们科学史上一个新时代的开始。

没有什么地方比《新自由报》的专栏更适合为众多读者简要回顾奥地利学派的工作了。卡尔·门格尔本人，以及所有其他与历史相当悠久的奥地利学派有或多或少联系的人，比如庞巴维克、维塞尔、罗伯特·扎克坎德尔、埃米尔·萨克斯（Emil Sax）、罗伯特·迈尔、约翰·科莫钦斯基、鲁道夫·奥斯皮茨、理查德·列本就经常在《新自由报》上讨论当时的经济和政治事件,报告他们的理论分析结果。

1.古典经济学的坚实根基[①]

18世纪,法国重农学派,以及苏格兰人大卫·休谟和亚当·斯密提出,价格、工资和利率显然是由市场决定的(或至少在一定限度内是如此),而市场价格则起着生产调节器的作用。这一知识成为科学经济学的历史基础。人们在以往的经济事务中只看到随机和任意,现在,他们开始重新认识规律。在大卫·李嘉图的著作中,古典经济学的发展达到了顶峰。李嘉图认为,经济学的任务是构建一个全面的交换学体系(一种交

[①] 从此处开始后所有小标题均为中文编者所加。——编者注

换和收入理论)。

理论研究所揭示的洞见为经济政策得出了重要结论。人们开始意识到,政府那些想要通过引导经济力量达到某种特定目标的干预措施,必然会失败。限定最高价格绝不能保证以尽可能低的价格向人民提供粮食。如果官方命令在实际应用中得到遵守,相关商品(commodity)在运往市场的途中即使不被停止供应,其供应量也会减少。因此,干预的效果与预期截然相反。在工资和利率的政治监管以及对国际贸易的干预方面,情况类似。重商主义认为,为了确保外贸平衡,就有必要采取贸易政策措施(关税、禁运等)。李嘉图证明了均衡总会自动恢复,因此,那些为使货币标准不被通货膨胀摧毁而采取的贸易政策措施属于多此一举,它们也无法阻止由通货膨胀引起的购买力下降。旨在实行贸易政策的政治措施，使生产错失了利用最有利自然生产条件的机会，从而降低了劳动的经济生产力，损害了大众的生活水平。

在古典经济学看来，干预主义在各个方面似乎都是荒谬的。所有阶层的福利都会不断改善（这一点之所以值得期待，不是因为政府干预只会阻碍经济发展，而是因为所有力量都会自由地流动）。因此，在国内和国际经济政策中倡导自由贸易的自由主义政治纲领，建立在古典经济学的理论基础上。

无论谁想与自由主义做斗争，都必须尽力驳斥这些结论。但这是白日做梦。自由主义所赖以存在的古典经济学理论根基是无法撼动的。自由主义的反对者只有一条路可走：他们必须像德国历史学派那样，原则上拒绝一切声称其原理普遍有效的社会经济知识，认为只有经济史和经济描述才具有研究价值，而那些与经济现象的相互联结关系相关的基础研究则是"抽象的"和"不科学的"。

沃尔特·巴杰特（Walter Bagehot）作为一名政治经济学家的声望，来自他关于伦敦货币市场的著名著作《朗伯德街》（*Lombard Street*）。19世纪70年代中期，他已经在与这些错误做斗争。在这之后，门格尔于1883年出版了《社会科学方法论探究》。与本书相关的辩论（之后被称为"方法论之争"），揭露出历史主义对经济学领域存在普遍有效知识的逻辑和方法论的正确性的反对意见。理论性思想和原则可以在每一次经济历史调查或描述中被发现，其普遍有效性即使没有得到公认，也会得到保持。如果不考虑理论，那么对任何事情都不可能做出论断。在与商品价格、税收、社会政治措施或集团利益有关的每一项声明中，必定包含"理论"。即使执政的历史主义者没有注意到这一点，也不意味着他们不靠理论行事。这只是意味着，对于事先研究其理论的正确性、深入思考其理论的逻辑结论、整合与系统化其理论、探索其理论的不可辩驳性和逻辑一致性，以及将其理论与事实进行核对，他们已经没有任何诉求。因此，该学派的研究不是基于有用的、无可辩驳的理论，而是基于站不住脚的、因充满矛盾而被他人长期丢弃的谬论，其结果是，研究几乎毫无价值。

对经济理论的不懈追求，意味着要借助一切可用的知识手段以及彻底的批判性精神持续检验所有与经济学性质有关的论断。

2. 门格尔价值悖论与开宗立派

古典经济学在解决价格形成问题上无法令人

满意。为了完成这项工作，确定财货（goods）价格结构的评估基础显然来自其效用（其对满足人类需要的有用性）。然而，这对于古典主义者（尽管这些人天资聪颖）来说是一个无法克服的困难。许多尤其有用的财货，例如铁、煤或面包，在市场上几乎没有价值；而像水或空气这样的财货甚至还被认为没有任何价值。而另一方面，一些不太有用的商品却有很高的价值，例如宝石。由于所有解释这一矛盾的努力都失败了，古典主义者致力于寻求其他价值解释，但如果不借助人为的诡辩，这些解释都无法得出无可辩驳的结论。显然，似乎一切努力都无济于事。

然后，门格尔登场了，他的第一本书独具匠心，克服了所谓价值悖论。决定价值的不是整个财货类别的重要性，而是一个人当下可以支配的那部分财货的重要性。由于我们只把给定供应的每一特定部分财货赋予重要性（这种重要性来自每一特定部分财货带来的需要的满足），而且由于在每一特定的需要类别中，得到进一步满足的迫切性会随着满足感的加深而降低，因此，根据最后（也是最不重要）一部分仍由现有供应满足的具体需要的重要性（也就是其边际效用），我们确定了每一具体部分财货的价值。通过这种方式，一阶财货（立马使用和用于消费的财货）的价格形成可以追溯至消费者的主观价值。高阶财货（也称为生产资料）价格的形成，包括工资（劳动力的价格），也可以追溯至一阶财货的价格。因此，归根结底，正是消费者决定并支付生产资料价格和工资价格。完成这一计算是会计理论的任务，该理论专门处理价格、工资、利息和企业家利润。

门格尔及其后继者利用古典主义者已经获得

的知识，在新基础上建立了一个全面解释所有经济现象的体系。

3.门格尔思想的传承

几乎与门格尔同一时间，英国人威廉·斯坦利·杰文斯和在瑞士洛桑工作的法国人里昂·瓦拉斯也各自独立地阐述了类似理论。随着时间的流逝，每一种新思想都需要被接受，主观主义边际效用理论在世界范围内取得了胜利。门格尔比其重要先驱普鲁士政府官员戈森更幸运，他的理论得到了全世界经济学家的认可。著名的美国学派创始人约翰·贝茨·克拉克（John Bates Clark）尤其促成了奥地利学派思想在美国的发展。克拉克与法兰克福的奥斯瓦尔特和理查德·赖施（Richard Reisch）一样，都是维也纳经济学会（Economic Society of Vienna）的杰出成

第二部分 维也纳和纽约大学演讲

员。这一理论很快也在荷兰和斯堪的纳维亚国家蓬勃发展。在意大利,一项成功的科学研究在此基础上生根发芽。

门格尔没有创建通常意义上的学派。他目光远大,认为科学的价值太高,因此他拒绝使用其他人梦寐以求的推销之术。他所做的工作就是研究、写作和教学。近几十年来,在奥地利政府和经济领域工作过的最杰出人才都来自这个学派。和所有自由主义者一样乐观的是,门格尔对"理性终将获胜"满怀期待。不久,门格尔的身边便出现了两个追随他脚步的同伴——庞巴维克和维塞尔(他们都比门格尔年轻十岁)。这两个人是年纪相仿的总角之交。连襟关系让他们有如手足,信念、性格和文化背景也将其紧密相连。然而,作为科学人士,他们这两个志向相同的同代人也有不同之处。尽管如此,他俩都以自己的方式在门格尔止步的地方开创了各自的事业。在门格尔作品的帮助下，他们就像老练的成年人圆满地解决问题。在科学史上，他们的名字与门格尔的名字密不可分。

现在，这两个人也完成了各自的事业，并离开了这个世界。新一代人即将登场。近年来，尚未年满30岁的年轻人发表了一系列杰出的科学研究，这表明奥地利不愿意放弃其作为重要经济学贡献来源的重要地位。

4. 奥地利学派的影响力

"国家经济科学"的历史学派很少被奥地利学派那批判性的积极工作困扰，这与国外的干预主义学派非常相似。德国历史学派的成员对由政府和政党背书的政治权力信心十足，他们继续对严肃的理论工作不屑一顾，继续冷静地发表他们

第二部分　维也纳和纽约大学演讲

关于国家在经济方面无所不能的著作。

第一次世界大战期间和战后初期实施的经济政治实验将干预主义和国家主义推向了顶峰。所有施行过的最高价格、指令经济、通货膨胀，其结果都和理论家（这些理论家受到政府官员和历史学派追随者的鄙视）所预见的如出一辙。然而，反对"抽象的、没有用的奥地利价值论"的人仍然试图顽固地维持他们的观点。他们在妄想中泥足深陷，其中的一个事实便是：一位货币管理机构的著名银行行长班迪克森（Bendixen）宣布，他认为战争期间德国货币在国外的低估"在某种程度上甚至是可取的，因为这使我们能够以有利的汇率购买外国财货"。

然而，种瓜得瓜，种豆得豆。历史学派的反理论立场开始遭到抵制。对理论研究长达数十年的忽视导致了一个奇特的局面，即德国公众必须求助于一位外国人（瑞典人古斯塔夫·卡塞尔，Gustav Cassel）对经济生活中的问题做出有效的解释。例如，卡塞尔不仅向德国的报刊读者介绍了由李嘉图首先提出的旧的购买力平价汇率理论，还指出持续的失业现象是工会工资政策的必然结果。卡塞尔在他的理论著作中阐述了主观主义学派的理论，即使他表述得有点不同，并且有时有点磕磕绊绊，以至于无法让人完全接受。

尽管历史学派的追随者们仍在一路唱着终结边际效用理论的老歌，但是我们不可避免地意识到，奥地利学派的理念和思想已经越来越深地影响了今天所有年轻经济学家的论文，甚至在德意志帝国也是如此。门格尔和其朋友们的工作已经成为所有现代经济学的基础。

二、纽约大学演讲:奥地利学派经济学与私人研讨班(1962年)[①]

1. 什么是"奥地利学派"

人们在说起维也纳和奥地利的经济学时,

[①] 该演讲发生在1962年5月2日的纽约大学教师俱乐部(New York University Faculty Club)。介绍米塞斯的是当时纽约大学工商管理研究生院的教授威廉·H. 彼得森(William H. Peterson)。听众席中,坐着时任芝加哥大学社会思想委员会的社会和道德科学教授哈耶克。原标题为《奥地利学派经济学》,鉴于前文中有类似标题,为避免重复和与前文标题有所区别,以及与文章内容更贴合,故将标题做出改动。——译者注

通常会提到"奥地利学派"。许多人对此有所误解。他们认为，在维也纳经济学领域有一个专门的奥地利学派，一个像美国法律学派那样有组织的机构。实际上，与奥地利经济学联系在一起的术语"学派"指的是一种理论的流派，因而，这是一个理论术语。

"奥地利学派"最初是指其德国对手针对一小群奥地利经济学家的称呼。当它在19世纪80年代最初被用于反对这群经济学家时，它是被当作一个贬义词来使用的，带有一定的轻蔑意味。在这方面，它与另外两个奥地利团体（精神分析运动和逻辑实证主义的维也纳圈子）有着天壤之别（这两个团体的名称都是自己命名的）。这两个团体已经成为国际知名的科学团队。实际上，所谓逻辑实证主义者已经主导了盎格鲁-撒克逊各个大学的哲学教学（主要是在英国和美国，在法国则没有那么流行）。这三个团体的共同之处在于，它们都不怎么受奥地利官方学术机构的欢迎。

2. 奥地利的私人讲师制度

欧洲大陆的所有大学都是国立大学。大学可以是私立机构这种想法，甚至让其中的大多数国家觉得不可思议。因此，大学是由政府管理的。但是，在这些大学和其他政府机构之间，又存在一个根本的区别，那就是教授们享有学术自由。

所有的政府雇员（政府官员）在履行其职责时都必须严格遵守其上级的忠告和命令。但是，尽管各个大学、技术院校和其他同级学校的老师是政府雇员，但他们没有上级，因此，他们享有学术自由。没有人有权以任何方式干涉他们的教学方式，即使是内阁成员在实行其指示方面的最高管理职责时也不例外。这一点是至关重要的，因为在这些国家的政府不断流行的风气是，政府希望在整体上影响法学、经济科学、政治科学和社会科学的教学。

现在的重要事实是，这三个团体（奥地利经济学学派、逻辑实证主义的维也纳学派和精神分析学派）有一个共同点。至少在战后这一时期，其学派的代表人物不是奉命教书的教授，而是私人讲师。私人讲师这一制度并不为益格鲁-撒克逊国家大学所知。这种讲师是被大学承认的私人教师，没有任何政府工资和津贴。实际上，私人讲师只有微不足道的权利，也就是接受由其学生所支付的费用。大多数私人讲师从他学生那里拿到的年薪折合成美元是5—10美元。因此，他们必须尽其所能另谋他生。至于我，则曾经担任奥地利政府商会的经济顾问。

第二部分　维也纳和纽约大学演讲

在第一次世界大战爆发的一年多之前，我曾被允许在维也纳大学以私人讲师的身份开课。战争打断了我的教学。几年以后，当我从战场返回时，我发现许多年轻人对经济学研究兴趣满满，他们不仅想通过考试，而且想成为经济学家，并为这个领域的教学和研究发光发热。

3. 我的研讨班学生

关于现代语言的学习，奥地利为学生在经济学和法律学习（它们在大学是一门被合并在一起的学科）方面所做的准备工作完全不能使人满意。在较低水平的奥地利文法学校（高中或专科院校），希腊语和拉丁语体系相当完善，但现代语言被忽视了。同样的现象也出现在欧洲其他国家，比如法国和德国。那些懂法语和英语的人都是自己私下学的——这在战争期间尤其不易。

战争结束后,那些参加我研讨班(由我作为私人讲师开办)的年轻人,几乎完全不懂任何一门外语。弗里茨·马赫卢普(Fritz Machlup,他现在是美国最著名和规模最大的大学之一普林斯顿大学的教授)就是其中一位。每次我俩见面,他都会告诉我:"您还记得吗?您当时给了我一张书单,我必须为研讨班准备一篇论文。而这个书单里的书几乎全部是英语书。"他当时沮丧地对我说:"可这些是英语书啊!"马赫卢普这么提醒我。然后,我回复道:"是啊!那就学英语吧。"

也正是那个时候,战争刚结束不久,我有了第一位美国学生。这位到达维也纳的美国学生不是以美国的普通公民身份,而是作为美国陆军中尉而来的。他是美国老上校的副官。以在维也纳所执行的任务来说,这位上校几乎无事可

第二部分 维也纳和纽约大学演讲

做,因此他便有了很多空闲时间。他这位年轻助手更是无事可干,空闲时间也尤其充裕。他决定利用这些空闲时间,让自己之后回美国时可以带上他已经开始动笔的哈佛大学博士论文。在我的研讨班,他写了一篇关于奥地利直接税的论文。在当时的美国,所得税是非常新的东西。而拥有100年所得税和公司税历史的奥地利,有着远比美国丰富的经验。因此,在税收方面,奥地利有许多值得美国人学习的地方。这位年轻人是约翰·范·西克勒(John Van Sickle),他在稍后的日子里成了一名著作等身的作家,现在则是沃巴什学院(Wabash College)的退休教授。

我在维也纳大学曾开设每周一次的两小时研讨班,但很快便发现时间似乎太短。研讨班的有些学生已经对经济问题有了非常坚实的知识基础,他们想要做深刻的研究工作。当然,其中也有一些初学者。于是，我很快就设立了一个私人研讨班。这种研讨班被德国、法国和奥地利的相关机构认为是一个教授所能做的最重要的工作。私人研讨班与大学实际上没有任何实务和法律上的联系，它仅仅是一种制度，这种制度允许教师定期地和学生聚会，以讨论经济学和历史问题。

我就这样开启了私人研讨班。现在，当我回首过去，我必须说，私人研讨班取得了成功。在这个班上，我见到了最早期的成员之一哈耶克教授。还有其他来自我这个研讨班的成员（他们现在正在这个国家教书）——哈佛大学的戈特弗里德·哈伯勒（Gottfried Haberler），普林斯顿大学的弗里茨·马赫卢普和奥斯卡·摩根斯坦恩（Oskar Morgenstern）。在马奎特大学（Marquette University），则有沃尔特·弗勒利希（Walter Froelich）。此外，还有一名女士，她

第二部分 维也纳和纽约大学演讲

就是哥伦比亚通识研究学院的教授伊尔丝·明茨博士（Dr. Ilse Mintz）。

我们讨论与经济学和其他社会科学相关的一切问题，因为在我的私人研讨班上不仅仅有经济学家。很多学生对经济学没什么兴趣，而是对社会科学和人的行动科学的一般问题更感兴趣。其中一位是埃里克·沃格林（Eric Voegelin），他在巴吞鲁日（Baton rouge）的路易斯安那州立大学（Louisiana State University）做了20年教授，如今在德国的慕尼黑大学（University of Munich）担任哲学教授。在座的人也许知道沃格林的名字，因为他作为一位出版了几本哲学著作的作家而小有名气。还有两位在新学院（the New School）讲授社会学研究的教授，即阿尔弗雷德·舒茨博士（Dr. Alfred Schuz）和菲利克斯·考夫曼博士（Dr. Felix Kaufmann）。听到我研讨班的一名成员伊曼纽尔·温特尼茨博士（Dr. Emanuel Winternitz）过去和现在都在耶鲁大学教授艺术史，你们可能会觉得不可思议，但更难以置信的是温特尼茨博士是一名执业律师，他差不多是刚到美国就因其专长（一种处理绘画和音乐相互作用的特殊技能）被大都会博物馆（Metropolitan Museum）任命的。现在，他是大都会博物馆艺术部的头部人物。

有段时间，还有其他来维也纳的外国人参加我的研讨班。他们虽然来得不是那么规律，但也算是常客。我在此只列举其中几位。你们知道，我并不那么支持马克思主义以及与其相似的学说，因此你们可能会很诧异地听到其中的一名外国人正是休·盖茨克尔（Hugh Gaitakell），也就是英国工党的现任主席。还能让你们大吃一惊的另一位外国人是日本教授荒木神足（Kotari

第二部分 维也纳和纽约大学演讲

Araki），他于轴心时期（The Axis）[1]在柏林大学讲授日本经济学和轴心时期的经济问题。我想提及的另一位参加我研讨班的外国人是弗朗索瓦·贝胡（Francis Perroux），他现在是法兰西学院的经济学教授，是法国学术界最有名望的人物。当然，我没有提及的还有很多其他人。

4. 研讨班学生的出国之路以及商业周期研究所

由于欧洲在那段时间的通货膨胀和经济条件，欧洲学生（尤其是奥地利的年轻人）的普遍问题是生存大计。正常的经济学研究对人们来说尤其困难，因为他们买不起教材，买不起其他图书，尤其是图书馆（甚至是官方图书馆）也没有

---

[1] 1940年，德国、意大利和日本三个法西斯国家，成立以柏林-罗马-东京轴心为核心的军事集团。1945年8月15日，日本无条件投降，轴心集团灭亡。——译者注

资金购买它们。因此，给年轻人寻找出国机会的手段和方法就变成了重中之重。

我第一个因此而出国的学生就是哈耶克教授。纽约大学的杰出教授耶利米·詹克斯（Jeremiah Jenks）撰写了远东黄金兑换标准的重要著作。有人可能会说詹克斯就是以研究黄金兑换标准而闻名的经济学家。詹克斯之所以来到维也纳，是因为他想研究并撰写欧洲社会状况的书，于是我把哈耶克介绍给了他。之后，经过特殊的安排，哈耶克在纽约的某段时间成了詹克斯的秘书。这是件极其特殊的事例。詹克斯和哈耶克也都是极其特别的人。而要帮助其他人，则需要另寻方法。

一家美国机构在这方面做出了杰出的工作，它就是劳拉·斯佩尔曼基金会（Laura Spelman Foundation），其更响亮的名字是洛克菲勒基金

第二部分 维也纳和纽约大学演讲

会。劳拉·斯佩尔曼是基金会创始人老洛克菲勒的夫人。这个基金会为欧洲学者在美国度过一两年时间提供了机会。这些学者如果愿意,就可以在美国上学,也可以拜访这个国家的不同地方。他们真的能从这种安排中获得巨大的益处。

在奥地利,代表这个基金会的人是一名历史学教授弗朗西斯·普里布拉姆(Francis Pribram)。普里布拉姆也接受了我推荐的经济学家。于是,在那段时间,戈特弗里德·哈伯勒、奥斯卡·摩根斯坦恩、弗里茨·马赫卢普和其他几位前往美国,在基金会的赞助下在那里待了两年。正如你们所知,当他们回来时,我必须说,他们都成了"完美的"经济学家。我要提及的另一位受劳拉·斯佩尔曼基金会资助的学生是德国人威廉·勒普克(Wilhelm Roepke)教授。

另一件衍生自我的私人研讨班,以及我作为

奥地利商会经济顾问所做的事情便是，商业周期研究所于1926年在奥地利成立了。这个研究所的第一任负责人又是哈耶克教授。当哈耶克于1931年离开维也纳前往伦敦政治经济学院教书时，现在的普林斯顿教授摩根斯坦恩接替了他的位置。尽管穿插了纳粹的"不愉快"经历，这个研究所依然存在于奥地利，虽然其名字已经不是商业周期研究所，而是一个更加一般性的机构名字"奥地利经济研究所"。

5. 总结：非官方的学术交流与国际合作

让人感慨万千的是，我的这些学生于20世纪20年代在奥地利的各个大学学习，并立志走上一条科学研究的道路，从而为科学的发展作出贡献，但是我们看到，在那个时期的奥地利，经济学研究者凭借这种能力来谋生就是极其困难的，甚至连赚到足够工资的机会都渺茫。这些学生对此了然于心。他们不得不在其他领域谋求工作机会,因而只能在其空闲时间全身心地投入其真正的志趣(也就是经济学研究)。那时,他们并不知道奥地利会在1938年被纳粹德国吞并,他们中的许多人不得不在外国寻求教职,特别是在这里(美国),而且,他们也将在这里找到远比奥地利更加宽广的活动领域。

因此,我必须说,作为一名维也纳的经济学教授,我认为我工作真正的成功之处在于,我让许多天赋异禀、才华横溢的人找到了一条为科学研究奉献一生的道路。当然,这并不是因为我个人有什么优点。这种事情之所以会发生,是因为这个国家的整体态度。这个国家接纳这些年轻的欧洲难民成为教师,根本不管他们不是土生土长的美国人,也不管他们是在欧洲那种极其不同的环境中接受教育并长大成人的。这个国家也从我这些学生那里获益良多。当然，他们现在都获得了非常好的社会地位。作为这个国家的经济学老师，他们为美国的大学，也尤其为社会科学和经济学这个知识部门作出了贡献。许多人也在其他领域或者商业的各个分支机构（当然主要是在学术领域）工作。

今天，很多人都在讨论国家之间的国际合作与友谊。实际上，官方在这方面做得很少。相反，这个世界依然四分五裂、彼此敌对，这是十分不幸的。然而，在这个世界中发展起来的非官方的合作与友谊，却是真正意义上的科学与教学国际主义。实际上，今天在同一研究领域内各国之间所开展的这种国际合作，正是近年来最至关重要的发展之一。我们所有人都为此感到自豪，因为我们都为促进这种发展作出了微薄的贡献。

第三部分

《米塞斯回忆录》节选(1940年)

一、奥地利思潮与问题

1. 历史主义

我在政治和历史知识上接受的首次洗礼来自德国地方民间期刊《凉亭》（*Gartenlaube*），也就是在1888年的三帝之年（Three-Kaiser

Year）①。《凉亭》上刊登了两位已故皇帝的许多生活照片。那时，还不到七岁的我，怀着满腔的热情，如饥似渴地阅读这些文章。

不久之后，在德国历史学家的著作中，我见识了比这份家庭杂志更加露骨的历史偏见。作为一个奥地利人，我不难看出这些作家的政治色彩。我很快就识破了他们的分析方法，这种方法曾被粗暴地称作"历史的歪曲"。后来主张统一德国的历史学家也没有更加诚实或缜密，他们只是能力不足而已。

当我从高中毕业时，经济、法律、管理和社会史的问题比政治史对我更有吸引力。因此，我

---

① 这一年，德国先后换了三位皇帝。威廉一世在1888年3月9日去世。同日，他的儿子腓特烈三世继位；1888年6月15日，在位仅99天的他因喉癌去世。接着，腓特烈三世的长子威廉二世继位，一直统治到1918年第一次世界大战结束。——译者注

第三部分 《米塞斯回忆录》节选（1940年）

决定学习法律而不是历史，虽然历史是我高中还没毕业那会儿就想学习的。在那些年里，奥地利大学的法律学习安排是这样的：总共八个学期，有三四个学期专门用于研究法律历史，剩下的四五个学期主要用于研究政治经济学和公法。法学院为研究历史提供了比人文学院更多的机会。在文学院授课的"政治"历史学家都是三流和四流的教师。奥地利唯一一位重要的历史学家海因里希·弗里德永（Heinrich Friedjung）在通往其学术生涯的道路上受阻。维也纳大学历史教育的重点是古代文书。

到了大约1900年，历史主义发展到了其全盛时期。历史方法被认为是研究人的行动科学的唯一科学方法。"历史政治经济学家"（historical political economist）站在其对历史透彻理解的高地，带着不可名状的厌恶俯视着"正统教条主义者"（orthodox dogmatist）。经济史成了盛极一时的科学。在德语世界，施穆勒被尊为"政治经济学"的伟大宗师。雄心勃勃的年轻人，从世界各地拥入他的研讨班。

当我还在上高中的时候，我就注意到了施穆勒圈子里的一个矛盾。一方面，他们拒绝法学的实证主义要求，而这种要求是从社会历史经验中建立的；另一方面，他们又认为经济理论应该从经济经验中抽象出来。令我感到惊讶的是，这种矛盾几乎没有被注意到或很少被注意到。

另一个令我反感的矛盾之处是这个学派的相对主义。在其众多追随者的加持下，这种相对主义堕落为对过去及其制度的盲目崇拜。许多进步的狂热分子（progress fanatics）谴责一切古老的东西都是糟糕透顶、可鄙可恨的，而这些伪历史学家（pseudohistorians）却排斥一切新生事物，

第三部分 《米塞斯回忆录》节选（1940年）

颂扬古老之物。那时，我还不明白自由主义的真义。但对我来说，单凭自由主义是18世纪的成就，以及它在以往时代不为人所知的这一事实，并不能成为反对它的有力论据。我无法理解他们如何能够用"历史主义"和"相对主义"来为实际上的暴政、迷信和狭隘辩护。对于我来说，把过去的性观念提升为现在的典范，是一种卑鄙无耻的历史歪曲。但最严重的罪过发生在教会和宗教领域，天主教徒和新教徒都孜孜不倦地压制他们不喜欢的东西。同样令人反感的是关于勃兰登堡-普鲁士的历史著作，这些著作包含对从选举人团到国王的崇高赞颂。

至少在某一点上，奥地利的法律史学家是诚实的，他们与普鲁士历史学家的著作中表现的偏见截然不同。西格蒙德·阿德勒教授在他关于奥地利历史的五小时课程（这是所有法学院学生在第一学期的必修课）中，讲述了创始人鲁道夫公爵（Duke Rudolf）伪造大特许状（*privilegium majus*）①的历史。他对这件事做出了全面且深入的研究，以至于经得住最尖锐的批评。直到几十年后，恩斯特·卡尔·温特（Ernst Karl Winter）才鼓起勇气将这位公爵贴上"社会主义者"标签，以辩解其社会主义成分甚至超越了德国社会主义者的偶像弗里德里希·威廉一世（Kaiser Friedrich Wilhelm I）。

---

① 该特许状由奥地利的鲁道夫四世公爵于1359年发布，这份文件以腓特烈一世巴巴罗萨（Frederick I Barbarossa，被认为是中世纪德国最成功的统治者之一，在其执政期间，神圣罗马帝国的国力达到顶峰，成为欧洲最强的国家）在1156年颁布的一份宪章为名义，通过把王权下放给奥地利大公，将帝国封地转变为世袭公国。查理四世（1316—1378年）并未确认大特许状，因为他对其真实性表示怀疑。然而，这份文件最终于1453年被腓特烈三世（1415—1493年）确认。直到1852年，这份文件才被正式证实为伪造物，而当时神圣罗马帝国已不复存在。——译者注

第三部分 《米塞斯回忆录》节选（1940年）

土地曾在遥远的过去被视为集体财产——我不太清楚，这一事实如何能引出反对私有财产的论点。我也不明白，为什么过去存在滥交现象，就应该废除一夫一妻制和家庭。对我来说，这样的争论纯属无稽之谈。

另一方面，我也无法理解往往由同一群人持有的相反观点——人类发展过程中的任何事物都是一种进步和更高级的发展，因此，这种发展在道德上就是合理的。

我想在这里提一下：追求知识的历史主义者持有的诚实的相对主义，与这个学派的虚伪的历史主义毫无共同之处。但从逻辑上讲，它没有更可靠的依据。根据其原则，政策的适宜性和不适宜性并没有区别。这里涉及的是极据性的东西（ultimately given）。因此，明智的历史学家在看待事物时，绝不能予以评判，而是予以接受。他们认为，这就和自然科学家对待自然现象一样，没有任何区别。

无须多费笔墨，我们就能证明这一立场的谬误，尽管许多经济学家至今仍坚持这一立场（指1940年）。做价值判断并不是科学的任务和功能。它的两个功能之一（事实上，许多人认为只有一个功能）是：告诉我们那些为实现目标（objective）所采用的手段是否合适。自然科学的研究者不评判自然，而是告诉他的同胞，为了达到某些目标，他们应该依靠哪些手段。人的行动的科学不应评判其行动的最终目标，而应研究可用于实现这些目标的手段和方法。

我经常和卢多·哈特曼（后来也和马克斯·韦伯和阿尔弗雷德·弗朗西斯·普里布拉姆）讨论这个问题。这三个人都相当沉迷于历史主义，这使他们很难承认我的中肯立场。在哈特曼和韦伯那里，他们的火热性情最终占了上风，

第三部分 《米塞斯回忆录》节选（1940 年）

这促使他们在对哲学心存疑虑的情况下转向政治行动。普里布拉姆缺乏这种行动上的强烈欲望，仍然忠实于他的恬淡无为和不可知论。我们可以用歌德（《浮士德》第二部分）对狮身人面像的描述来形容他：

Sitzen vor den Pyramiden

Zu der Völker Hochgericht,

Überschwemmung, Krieg und Frieden—

Und verziehen kein Gesicht.*

坐在金字塔前

人民的最高宫廷上，

面对洪水、战争与喧嚣——

纹丝不动！①

---

① 英译者注。

至于德国历史学家，我十分讨厌他们对权力问题上的粗野的唯物主义立场。对他们来说，权力意味着刺刀和枪炮，而现实政策完全依赖于军队。其他一切都是幻想、理想主义和乌托邦主义。他们永远不会明白大卫·休谟的著名学说，即所有的政府最终都取决于公众的"意见"。

在这方面，他们的劲敌海因里希·弗里德永拥有和他们相同的立场。在第一次世界大战爆发前几个月，他告诉我："当我得知俄国人民的情绪，以及激励俄国知识分子革命的思想观念时，我感到不知所措。这一切就有如雾里看花般充满着变幻莫测。这些因素不是决定性的。只有身居高位的政治家的（权力）意志和他们决定执行的计划才是关键。"

这与后来成为奥地利总理的朔贝尔（Schober）先生的立场没有什么不同。1915年底，他向上

第三部分 《米塞斯回忆录》节选(1940年)

级报告说,他不觉得俄国会发生什么革命。"那么,谁能发动这场革命呢?当然不会是托洛茨基先生,他只是在中央咖啡馆看看报纸而已。"

1900年,维也纳大学的教员中只有一位是德国历史学派的教员。卡尔·格林贝格(Karl Grünberg)曾与格奥尔格·弗里德里希·克纳普(Georg Friedrich Knapp)教授在斯特拉斯堡共事过一段时间,然后出版了一本描述奥地利政府在苏台德区农业政策的书。他的作品在形式、表达和方法上都盲从了克纳普那本关于普鲁士旧省的书。它既不是经济史,也不是行政史。它只是一份政府文件摘录,是对政府报告中某一政策的描述。任何一个有能力的政府官员都可以轻而易举地写出来。

格林贝格教授的野心是在维也纳建立一个经济史中心,就像克纳普在斯特拉斯堡创建的那样。克纳普的学生当时正在研究德国几个省份的农民解放问题。因此,格林贝格教授决定让他的学生围绕奥地利一些地区的农民解放工作展开研究。他敦促我研究加利西亚的地主-农民关系的历史。我竭尽所能地使自己摆脱与克纳普系统过于密切的联系。但我只部分做到了这点,这使得我于1902年发表的研究更像是一部政府政策史,而不是经济史。① 1905年,我的第二本历史著作出版了,这本书与格林贝格(事实上,是没有听从他的建议)无关,也没有好多少。这部著作《对奥地利工厂立法的一项贡献》(*A Contribution to Austrian Factory Legislation*)描述了旧奥地利关于限制工厂童工的法律。

---

① *Die Enwicklung der gutsherrlich-bäuerlichen Verhältnisses in Galizien: 1772–1948* (Vienna & Leipzig). 尚无英文版。——英译者注

第三部分 《米塞斯回忆录》节选（1940年）

我在这些出版物上花费了大量的时间。与此同时，我也计划进行更广泛的研究。这些研究涉及经济史和社会史，而不是官方报告的摘录。然而，我一直没有机会做这项工作。大学毕业后，我再也没有时间在档案馆和图书馆从事这些研究了。

正是我对历史知识的强烈兴趣，使我能够很快地察觉到德国历史主义的不足。它不涉及科学问题，而是对普鲁士政策和普鲁士威权政府的美化和辩护。德国的大学是国家机构，教师是公务员。教授们知道自己作为公务员的地位，也就是说，他们把自己看作普鲁士国王的仆人。就算他们偶尔运用形式上的独立性（formal independence）来批评政府的措施，他们的批评也不会比在任何官员圈子里普遍听到的抱怨更强烈。

这种"经济国家科学"（economic state science）的研究，必然与那些充满智慧和求知欲的年轻人格格不入。相反,它对傻瓜有着强烈的吸引力。事实上,走进档案室,从一堆官方报告中整理出一篇历史论文并不困难。这导致大多数教授职位都由这样的人占据:也就是如果按照那些独立职业者的评估标准,他们应该被归类为智力平庸者。我们必须将此铭记于心,以便理解像维尔纳·桑巴特这样的人是如何获得巨大声誉的。当然,(这些人)也不能笨手笨脚和缺乏素养。

大学教育里讲授的先验科学(a priori science)显示了一个特别的问题,也就是只有少数人能为已有的知识宝库添砖加瓦。但在后验的实验科学(posteriori experimental sciences)中,先驱者和后来者是共同工作的,因此他们之间没有明显的区别。在其实验室里,每一位化学教授都可以把自己与伟大的先驱者相提并论。和先驱者一样,他也在进行研究,尽管他对科学进步的

第三部分 《米塞斯回忆录》节选（1940年）

贡献相当平庸。这在哲学与经济学中是截然不同的（在某种意义上，在数学中也是如此）。如果教授职位以对经济学的独立贡献为条件，那么全世界能满足这个条件的几乎不到一打。因此，如果教授职位只授予有独立性见解的研究者，那么这些独立研究者的相关工作也必须考虑在内。相应地，经济学教授的任命将取决于其他领域的显著成就：思想和学说史，经济史，特别是最新的经济史（它被错误地称为当前的经济问题）。

所有教授一律平等——这种假想无法容忍两种类型的经济学教授同时存在：一种是在经济学领域的独立工作者（原创理论家），另一种是那些从事经济史和经济描述的人。这些"经验主义者"的自卑情结使他们对理论有偏见。

在德国（后来也在其他许多国家），那些经验主义者对理论的对抗起初带有民族主义腔调。

19世纪上半叶,德国教授充其量只是英国经济学家思想的传播者,只有赫尔曼和曼戈尔特等少数人应该被铭记。较老的历史学派对西方(尤其是英国)思想怀有民族主义的怨恨。后来,年轻的一派又在争论中加入了那些纳粹主义拒绝西方思想的论据。对这些教授来说,用乌托邦式的德国学说取代不充分的英国经济学是一种特别的乐趣。约翰·斯图亚特·密尔是德国教授们还算熟悉的最后一位英国人。他是那些不称职的古典主义者的追随者。但是,德国教授称颂他预见了德国经济学的一些伟大思想。

经济国家科学下的历史学派没有提出任何思想。它在科学史上毫无建树。80年来,它只是孜孜不倦地宣传纳粹主义(Nationalsozialismus)[①]。

---

① 又称民族社会主义或国家社会主义。——译者注

第三部分 《米塞斯回忆录》节选（1940年）

而且，这种宣传思想是外来物，不是原创品。其历史性的学术研究在认识论上漏洞百出，充其量是由资料堆砌的糟糕透顶的出版物。但这个学派最坏的一面是：在一切学术研究问题上，鬼话连篇、蓄意欺骗。这些著述者总是从其政府"主人"那里寻找灵感，出产的是令人沮丧的党派文学作品。教授们虽然资质平平，但总是为其主人竭尽心力地提供服务，首先是霍亨索伦家族，然后是当时的马克思主义者，最后是希特勒。维尔纳·桑巴特流露出的谄媚举世瞩目，他把希特勒称为神圣使命的使者，因为"一切权威都来自上帝"。

历史主义的独有成就（德国西南哲学学派的历史理论）是其他人的工作成果。这项成就的塑造者马克斯·韦伯，他终其一生都在与德国的伪历史主义做斗争。

附录：历史主义

上述对历史唯心主义的批评，涉及其缺陷的目标和方法，以及其胡说八道，本身就是可以理解的。关于历史主义的更多论述，参见米塞斯的《理论与历史》第10章，其前四段如下：

历史主义作为一种对理性主义社会哲学的反应，发展于18世纪末。对于启蒙运动的许多作者所提倡的改革和政策，它反对保留现有制度（有时甚至反对恢复已不复存在的制度）的计划。它违背理性的假设，诉诸传统的权威和过去时代的智慧。它批判的主要目标是那些激发了美国和法国革命以及其他国家类似运动的思想。它的拥护者自豪地称自己为反革命，并强调他们的严格保守主义。

第三部分 《米塞斯回忆录》节选（1940年）

但在后来的几年里，历史主义的政治取向发生了变化。它开始把资本主义和自由贸易（无论是国内的还是国际的）视为最大的邪恶，并与市场经济的"激进"（进步的民族主义）或"左翼"（革命的社会主义）敌人联手。就历史主义在政治上的实际重要性而言，它是附属于社会主义和民族主义的，它的保守主义几近干枯，而只存在于一些宗教团体的教义中。

人们一再强调历史主义与文艺浪漫主义的契合性。这种类比相当肤浅。这两种运动都有一个共同的特点，那就是对过去时代环境的钟爱，以及对旧习俗和制度的过分高估。但这种对过去的热情并不是历史主义的本质特征。历史主义首先是一种认识论学说，且必须如此看待。

历史主义的基本论点是这样一个命题：除了自然科学、数学和逻辑之外，没有任何知识不是由历史提供的。在人类活动领域中，现象和事件的接连发生和按序发生是没有规律的。因此，发展经济科学和发现经济规律的尝试都是徒劳的。处理人类行为、功绩和制度的唯一明智方法是历史方法。历史学家追溯每一现象的根源。他描绘了人类事务中正在发生的变化。他不带任何偏爱和预设地处理其材料——过去的记录。历史学家有时（例如，在确定一份有争议的真伪文件的材料的年代时）利用自然科学的结果，对这些来源进行初步的、仅仅是技术性的和辅助的考察。但在他的专业领域，对过去事件的阐述，他（历史主义者）不依赖于任何其他的知识分支。他在处理历史材料时所采用的标准和一般规则，必须从这些材料中提炼出来。这些标准和一般规则绝不可能有任何其他来源。

第三部分 《米塞斯回忆录》节选(1940年)

2.国家主义

到1900年,几乎所有德语国家的人要么是国家主义者(干预主义者),要么是纳粹主义者。资本主义被视为一段糟糕的插曲,幸运的是它永远结束了。未来属于"国家"。所有适合征用的企业都由国家接管。其他企业则要以一种防止商人剥削工人和消费者的方式进行监管。由于经济学的基本规律完全不为人所知,干预主义所带来的问题是无法预见的。如果早有预见,每个人都会选择纳粹主义。然而,由于对这类知识的缺乏,干预主义和纳粹主义哪个更加可取,人们并没有答案。

马克思主义社会民主党的纲领要清晰得多。马克思主义者从理论上拒绝干预主义,认为它仅仅是资产阶级改良主义。实际上,他们自己也在推动一项包含大量改良主义的计划。他们的主要活动领域早已转移到工会，这无视了卡尔·马克思和他坚实追随者提出的所有疑问。然而，他们依然小心翼翼地提防他们导师正统观念的丧失。社会民主党拒绝了爱德华·伯恩施坦（Eduard Bernstein）[①]修正马克思主义理论，以及缓和马克思主义与党政策（Party policy）之间严重矛盾的企图。然而，正统门徒的胜利并不彻底。一个修正主义团体幸存了下来，他们通过《社会主义月刊》（*Socialist Monthly*）表达观点。

社会民主党之所以引起中产阶级的反对，不是因为该党的经济纲领，而是因为这个纲领过于简陋粗糙，以及它反对不符合其思想体系的一切事实。社会民主党的思想包括：

[①] 爱德华·伯恩施坦，德国社会民主主义理论家和政治家，进化社会主义（改良主义）的建立者之一。——译者注

第三部分 《米塞斯回忆录》节选(1940年)

1. 资本主义是世界上一切罪恶的根源,而社会主义将根除它,这个结局不可避免。

2. 酗酒是酒精资本主义的产物。

3. 战争是军备资本主义的产物。

4. 卖淫只存在于资本主义社会。

5. 宗教是牧师们的巧妙杜撰,其目的是使工人阶级顺从。

6. 只有资本主义才会导致经济产品稀缺。

7. 社会主义将给所有人带来未知的财富。

8. 然而,没有什么比社会民主党的自由恋爱计划更能激起中产阶级的反对了。

然而,每个人都在社会民主党的纲领中找到了"真理内核"。这体现在对社会改革和社会主义化的要求中。所有的政府和政党都受到马克思主义思想的鼓舞。其与社会民主党的不同之处在于，他们不认为国家要彻底剥夺所有者，也不认为国家要对所有企业进行纯粹的官僚管理。他们的社会主义与列宁的有所不同，后者想要按照国营邮政服务的方式组织所有行业。他们的社会主义类似于第一次世界大战后期兴登堡纲领，也就是私有财产由政府当局的命令管理。教会社会主义者希望保留基督教会的优先地位，而纳粹主义者则希望保留君主和军队的优先地位。

　　当我进入大学时，我也是一个彻彻底底的国家主义者。但与我的同学相比，我是一名自觉的马克思主义怀疑者。那时，我对马克思的著作所知甚少。但我知道卡尔·考茨基[①]一些最重要的

[①]　卡尔·考茨基，社会民主主义活动家，德国和国际工人运动理论家，第二国际领导人之一，著名的后马克思主义社会主义理论家。——译者注

第三部分 《米塞斯回忆录》节选（1940年）

著作。我是《新时代》(*Die Neue Zeit*)[①]的忠实读者。我对社会主义者之间关于修正社会主义（试图消除马克思主义内部的悖论和明显的不现实性）的辩论非常感兴趣。前者的陈词滥调使我反感，而后者看起来简直荒谬绝伦。当我终于开始深入研究两位祖师和拉萨尔（Lassalle）[②]的重要著作时，我才知道政党马克思主义者分为两派：（1）那些从未读过马克思著作，而只知道其书中几段通俗段落的人；（2）那些阅读了世界上所有的文学作品，却只自学马克思著作的人。例如，马克斯·阿德勒（Max Adler）[③]就属于前

---

① 《新时代》是德国社会民主党的理论期刊，于1883年至1923年出版。——译者注
② 拉萨尔以德国社会民主运动的发起人被人铭记。——译者注
③ 马克斯·阿德勒，社会民主党人，"奥地利马克思主义"代表之一，曾任维也纳大学教授，于1904年与希法亭创办德文《马克思研究》丛刊。——译者注

一类人——他的马克思主义知识仅限于马克思提出"上层建筑理论"的那几页。东欧马克思主义者属于后者,他们是热情宣扬马克思主义思想的佼佼者。

在我的一生中,我见过西欧和中欧几乎所有的马克思主义理论家。在他们当中,我发现只有一个人不是平庸之辈。奥托·鲍尔是一名富有的北波希米亚制造商的儿子。在赖兴贝格高中,他被那位在将近二十年前向海因里希·赫克纳(Heinrich Heckner)介绍了社会改革思想的老师的魅力深深吸引。

奥托·鲍尔进入维也纳大学时,是一名虔诚的马克思主义者。他勤奋刻苦、不知疲倦,而且天赋异禀、头脑灵活,很快就精通了德国的唯心主义哲学和古典经济学。他有非常广泛的历史知识,包括斯拉夫和其他东方国家的历史。此外,他对自然科学的进展也很了解。他是一个优秀的

第三部分 《米塞斯回忆录》节选（1940年）

演讲者，可以轻松快速地掌握那些极其困难的问题。的确，他不是一个天生的先驱，不能指望他发展新的理论和思想。但如果他不是一个马克思主义者，那么他本可以成为一个政治家。

年轻时，奥托·鲍尔就下定决心，绝不背叛自己的马克思主义信念，绝不向改良主义或修正社会主义屈服，绝不成为米勒兰（Millerand）[①]或米凯尔（Miquel）[②]。在对马克思主义流露的热情方面，无人能出其右。在这之后，他的妻子

[①] 即亚历山大·米勒兰（Alexandre Millerand）。他生于1859年，是法国社会主义者，最初是激进分子；在其掌权期间，他将自己的活动限制在温和的项目上。——英译者注

[②] 即约翰·冯·米凯尔（John von Miquel, 1821—1901年），德国政治家，最初是一位极端革命家。后来，他被描述为一个完全放弃激进主义的人，他的目标只是"采取实际措施改善人民的生活状况，而不考虑党的计划"。——英译者注

海伦妮·贡普洛维奇（Helene Gumplowicz）又坚定了他的决心。直到1918—1919年的冬天，他一直坚如磐石。

当时，我成功地说服了这对夫妇，让他们相信：在奥地利进行的布尔什维克主义实验很快就会失败，也许就在几天之内。奥地利的粮食依赖于从国外进口，而这只能通过以往敌人的救济援助才能实现。在停战后的头九个月里，维也纳的粮食供应从来没有超过八九天。协约国不费吹灰之力就能迫使维也纳的布尔什维克政权投降。清楚认识到这种情况的人寥若晨星。天主教会及其追随者，也就是基督教社会党（Christian Social Party），对布尔什维克主义满腔热忱。银行董事和大实业家希望在布尔什维克政权下作为"经理人"过上好日子。地产信贷协会（Bodenkreditanstalt）的一位产业顾问京特（Guenther）先

第三部分 《米塞斯回忆录》节选（1940年）

生，当着我的面向奥托·鲍尔保证，比起为股东服务，他宁愿为人民服务。据说此人是奥地利最好的产业经理（尽管这是一种错误的说法）——如果你将这一点铭记于心，你就能明白这类声明的影响有多大。

奥托·鲍尔聪明绝顶，他不会不知道我是对的。但他永远不会原谅我让他变成了米勒兰。他的布尔什维克同僚对其发动攻击，这尤其刺痛了他。然而，他的满腔仇恨没有指向他的对手，而是指向了我。通过煽动盲目的爱国主义教授和学生反对我，他竭尽全力将我摧毁。但他的计划以失败告终。从那以后，我再也没有和鲍尔一家有过来往。后来我才知道，原来我一直对其品性高度敬重。在1934年2月国内动乱期间，法伊部长（Secretary Fay）在广播中宣布，奥托·鲍尔抛弃了战斗中的工人，携带党资逃往国外。我倾向于认为这种说法是诽谤。一直以来，我都不相信他会如此怯懦。

在大学的前两个学期，我加入了社会科学教育协会（Association for Education in the Social Sciences）。对经济和社会问题感兴趣的学生，以及一些寻求与学生接触的年长绅士都属于这个协会。当时的协会主席是米夏埃尔·海尼施（Michael Hainisch），他后来成为奥地利总统。协会中的成员来自各个不同的政党。历史学家卢多·哈特曼（Ludo Hartmann）和库尔特·卡泽尔（Kurt Kaser）经常参加讨论。在社会民主党领导人中，卡尔·伦纳（Karl Renner）[1]对该协会

---

[1] 卡尔·伦纳担任过奥地利总理（1918—1920年，1945年）和总统（1945—1950年）。他于1945年复出至1950年任奥地利第二共和国总统，被后人尊称为"奥地利国父"。在其任职期间，他主持制定临时宪法、选举法和基本法。——译者注

第三部分 《米塞斯回忆录》节选（1940年）

表现出了别样的兴趣。在所有的学生成员中，我对奥托·魏宁格（Otto Weininger）和弗里德里希·奥托·赫兹（Friedrich Otto Hertz）尤其印象深刻。在我的第三学期，我对该协会的兴趣开始消散，因为它占用了我太多时间。

我怀着极大的热情投身于经济学和社会政策研究。起初，我如饥似渴地阅读社会改革家们的著作，不带任何批评。当一项社会措施未能达到预期的结果时，其原因只能是它不够彻底。自由主义排斥社会改革，在其中，我看到了一种应该受到强烈反对的过时的世界观。

我第一次对干预主义的优越性产生怀疑是在我大学的第五个学期，菲莉波维奇教授引导我去研究住房条件。在接下来的一个学期，在刑法研讨会上，勒夫勒（Löffler）教授让我去研究关于家庭佣人的法律变化，当时这些佣人仍然受到雇主的体罚。那时我才明白，工人阶级生活条件的任何实质性的改善，都是资本主义的结果，而社会法律经常带来与立法意图相反的结果。

在进一步学习了经济学之后，我才明白了干预主义的真正本质。

1908年，我加入了中央住房改革协会（Central Association for Housing Reform）。这个协会由所有寻求改善奥地利恶劣住房条件的人组成。我很快被指定为即将到来的房地产税改革的评论员，接替当时已经出任财政部部长的罗伯特·迈尔。

奥地利不理想的住房条件是由于税收阻碍了大规模资本投资，并因此抑制了住房领域的企业家精神。奥地利是一个不支持企业家精神的国家，它不允许任何有利可图的地产投机活动。过高的企业税和资本收益税率使有资本的人无法进

第三部分 《米塞斯回忆录》节选(1940年)

入房地产市场。为了缓解这种情况,我们有必要减少针对公司和资本收益的税收。但这难于登天——因为对大规模资本和投机的憎恨已经根深蒂固。

奥地利对房地产收益征收的税率也异常之高。在维也纳,超过40%的总回报被联邦、州和地方索要和征收。业主和建筑承包商强烈反对这种税收,因为它通常被认为是高租金的原因。大多数业主都是小商人,他们把自己的积蓄投资在房子上。其房产由储蓄银行提供50%的贷款,而这个价格通常来说是被严重高估的。这些建筑承包商大多没有多少资金,他们要么按照这些业主的需求建造,要么依靠自有资金运营,并希望能尽快卖掉完工的房子。业主和建筑工人这两个群体都有强大的政治影响力,他们希望通过这种影响力大幅降低抵押贷款利率。

减少住房税和土地税并不会降低租金。但这

将相应地提高房地产的回报率和市场价格。为了弥补财政收入的损失,政府将不得不寻求其他税收收入作为替代。换句话说,这样的改革将要求对其他人征收新税,以平衡对业主的减税。

要使我的观点得到普遍接受并不容易。起初,我的报告甚至遭到了该协会财政委员会的质疑。但是,我们很快就取得了圆满成功。

直到第一次世界大战爆发之前,我在中央住房改革协会的工作一直紧锣密鼓地进行着,这给了我很大的满足。除了罗伯特·迈尔,还有许多其他优秀的经济学家在这里工作,比如普里布拉姆(Pribram)兄弟卡尔(Karl)和埃瓦尔德(Ewald Pribram)、埃米尔·冯·佩雷尔斯(Emil von Furth)、保罗·施瓦茨(Schwarz)、埃米尔·佩雷尔斯和鲁道夫·马雷施(Rudolf Maresch)。

第三部分 《米塞斯回忆录》节选(1940年)

只有在一点上,我和同事们的意见一直不一致。中央住房改革协会与弗朗茨·约瑟夫周年纪念公共住房基金会(Kaiser Franz Joseph Anniversary Foundation for Public Housing)关系密切,后者获赠了巨额的住房资金。这些资金还资助了两个单身公寓项目的建设。我认为后者是多余的。因为低收入阶层的年轻人通常以合租身份与其他家庭住在一起。但这种密切关系被认为涉及道德风险。我不同意这种观点,因为我记得自己在前面提到的为菲利波维奇教授和勒夫勒教授做调查时的实际工作经验。的确,这种密切关系有时会导致与道德相关的亲密关系,但通常都会以婚姻告终。维也纳道德小组的一项调查显示,很少有受监督的女孩将最初的诱惑者称为"房客"。与此相反,一位经验丰富的警官认为单身公寓才是同性恋的滋生地。因此,我认为用现有资金资助这些项目是一项错误的拨款。

我的观点没有占到上风。但这并不重要,因为战争中止了所有此类建筑的进一步建设。那时,阿道夫·希特勒就生活在其中的一间房子里。

3. 奥地利问题

多语种的哈布斯堡国家本可以实现一个宏伟的目标。它本可以制定一部宪法,使不同语言的人民能够在一个国家和和美美地生活在一起。佩塔勒(Perthaler)起草的1867年宪法就是为了达到这个目的。但这种尝试注定要失败,因为苏台德地区的王公贵族(执政党)不惜一切手段打击自由主义。

1900年左右的奥地利[①]是一个不受民众欢

[①] 本章的哈布斯堡和奥地利指的是奥匈帝国。——原编者注

第三部分 《米塞斯回忆录》节选（1940年）

迎的国家。其民族[①]原则不承认奥匈帝国存在的正当性，每个人都希望它早日解体。只有在维也纳，还有一些人关心这个国家的存亡。哈布斯堡王室解体所引发的一系列事件最终表明，为了挽救陷于巨大灾难中的欧洲及其文明，这些人曾竭尽全力。但由于缺乏可行的思想观念基础，他们的一切努力终将徒劳无功。

这种缺失在以下事实中显而易见，那就是没有人愿意对那些心怀奥地利未来的人竭诚相待。一个人可以是"好"的（也就是民族主义的）德国人、捷克人、波兰人等。作为一名德国牧师或波希米亚贵族，一个人（在语言方面）可能没有任何民族偏向，也只关心自己所在地区或阶层

[①] 在本章中，术语"民族"一般指按照语言或亚政治来划分的集体，与此形成对照的是作为统一体的奥匈帝国。——英译者注

的利益。但是，如果他把自己看成一个"奥地利人"，他就会被人们认为他有求于王室。然而，事实并非如此。"王室"并不喜欢这些坚贞的保皇者，它支持"温和的"民族统一主义者（irredentists）。①

在维也纳，没有人能避免思考国家问题。奥托·鲍尔和卡尔·伦纳最早提出了旨在促进民族自治计划的想法，之后他们在社会科学教育学会（Association for Education in the Social Sciences）的支持下将这些想法成书出版。卢多·哈特曼报告了他对语言同化问题的调查，不幸的是，这些调查从未发表过。公法教授阿道夫·贝尔纳齐克（Adolf Bernatzik）使我注意到"全

---

① 民族统一主义者是指那些提倡收复领土（这些领土在语言、文化和历史上被认为是其国家的一部分）的人。——原编者注

第三部分 《米塞斯回忆录》节选（1940年）

国投票登记"（national voting registration）问题，这为统一的选举标准奠定了基础。

我兴致盎然地关注着所有这些努力，但对其是否能取得成功表示怀疑。不可否认的是，多瑙河君主国（奥匈帝国）的人民希望摧毁这个国家。事实上，一个由轻率无知的伯爵、野心勃勃但毫无原则的官员统治的国家，是否又值得捍卫？导致克贝尔政权垮台的事件让所有关心国家存亡的人印象深刻。在过去的25年（1914年以前）里，在统治旧奥地利的众多首相中，克贝尔是唯一一个致力于国家保全政策的人。在这一点上，他得到了极具智慧的内阁元老鲁道夫·西格哈特（Rudolf Sieghart）的支持。庞巴维克则在他的内阁中担任财政部部长。克贝尔指示他的地方检察官对报纸查封采取谨慎的宽容政策。因此，当维也纳的一家德国民族主义报纸发表了一篇抨击圣坛礼的文章时，这篇文章没有受到质疑。克贝尔的敌人抓住这个疏忽，将其作为推翻贝克尔政府的机会。在女大公（archduch-esses）①的法庭里，神父和贵妇们咄咄逼人地谴责"犹太人"克贝尔（他的一位祖母或曾祖母是犹太人）亵渎神灵。就这样，最后一位真心实意关心国家存亡的行政长官被赶下了台。

现在，我不得不承认：当时，对于奥地利事务的问题，我的判断过于小题大做；而对于从书本或短暂的肤浅访问中了解到的外国情况，则过于云淡风轻。但这并没有改变事实。哈布斯堡王朝没有民族（语言统一）原则的意识形态基础的支持，无法处理国外屡见不鲜的混乱政治管理。对于奥地利来说，其他国家能够承担的错误可能

---

① 指欧洲王室的公主。——译者注

第三部分 《米塞斯回忆录》节选（1940年）

就是致命一击。比起英国或法国，有害政策更是不费吹灰之力就能摧毁奥地利。

奥地利的国家（政治）路线和民族（语言）路线并不一致，这一事实促使我们研究那些在语言统一国家很容易被忽视的问题。在英语和法语中，仍然缺乏能正确表达这种由奥地利式二元论产生的政治经济问题的术语。

我特别感兴趣的是国家干预主义会产生什么特殊后果，尤其是在奥匈帝国。每一项单一的干预措施都必然影响一些个体的利益和力量。奥地利的政治家们对此一清二楚，帝国议会和各省议会的报告，以及报刊上都有关于这一问题的海量资料。但是，一直到1909年我加入维也纳商会，成为中央贸易政策委员会（Central Committee on Trade Policy）的成员时，我才完全了解这些问题的严重性。

我打算仔细研究这些问题。当我在1913—1914学年主持我的第一次大学研讨班时，我挑选了四位年轻博士分别研究德国、捷克、波兰和匈牙利关于奥匈关税同盟外贸政策的立场。他们要特别研究的是匈牙利政府和自治省政府在关税联盟内寻求的措施——这些措施用于建立有利于其（特定）国民（在其几个语言群体中）的行政保护。我希望找到第五位合作伙伴来研究意大利问题。我自己则计划写一份全面的报告，并和同事们的工作成果一起发表。

在这四位年轻学者中，两人在战争开始的最初几周阵亡。第三位在1914—1915年冬天"失踪"于喀尔巴阡山脉（Carpathian Mountains）的战场。第四位于1916年7月在沃里尼亚（Wolhynia）被俄国人俘虏，从此杳无音讯。

二、奥地利学派经济学

1. 悲观的门格尔

当我刚进入维也纳大学时,卡尔·门格尔即将结束其教学生涯。当时,奥地利学派经济学在大学里鲜为人知,我自己对它也毫无兴趣。

1903年,大概是圣诞节,我第一次读到了门格尔的《国民经济学原理》[①]。正是读了这本书，我才成为一名"经济学家"。

就我个人而言，我是在多年后才见到卡尔·门格尔的。他那时已经70多岁了，听力不好，眼睛也有毛病。但他在精神上还是一位年轻人，活力四射。我反复问过自己，为什么他没有更好地利用他生命的最后几十年。事实上，如果他愿意，他仍然可以在事业上创造辉煌。这在他的文章《货币》中得到了证明，该文收录于《政治科学百科全书》（Encyclopedia of State Sciences）。

门格尔为何变得心灰意冷，正值盛年却要偃旗息鼓？其中缘由，我想我是知道的。他敏锐的头脑已经认识到了奥地利、欧洲和世界的命运。

---

① German publication, 1872; English translation, *Principles of Economics*（Free Press of Glencoe, 1950）.

第三部分 《米塞斯回忆录》节选（1940年）

他眼睁睁看着世界上最非同凡响、最无与伦比的文明（19世纪和20世纪的西欧）正冲向毁灭的深渊。他预见了我们今天经历的所有恐怖（第二次世界大战）。他知道整个世界背离真正的自由主义（而不是离经叛道的左派所认为的美国自由主义）的后果。尽管如此，他还是尽其所能阻止这股潮流。他的书《社会科学方法论探究》是一系列辩论文章，旨在反对"伟大的普鲁士"[①]大学里毒害世界的一切有害知识思潮。然而，他知道自己的战斗就是竹篮打水，绝无成功的希望，这让他灰心丧气、毫无斗志。他把这种悲观情绪传给了他年轻的学生和朋友——奥匈帝国王位的继承

[①] German publication, 1883; English translation（University of Illinois Press, 1963）; *Investigations into the Method of the Social Sciences with Special Reference to Economics*（NYU Press, 1985）.

人鲁道夫王储①。王储之所以自杀，是因为他对帝国的未来和欧洲文明的命运感到绝望，而不是因为一个女人。他带着一个年轻姑娘（她本身就没有了求生欲）共同赴死，但他并不是因为她而自杀。

我的外祖父有一个兄弟约阿希姆·兰道（Joachim Landau）博士，他在我出生前几年就去世了。这位兄弟曾是奥地利议会的自由派议员，也是其党内同事马克斯·门格尔（Max Menger，卡尔·门格尔的兄弟）助理博士的密友。一天，约阿希姆·兰道把他和卡尔·门格尔的一次谈话告诉了我外祖父。

据我外祖父在1910年前后告诉我的，卡尔·门格尔曾说过这样的话："欧洲列强实行的

---

① 茜茜公主的独子。——译者注

第三部分 《米塞斯回忆录》节选（1940年）

政策将酿就一场恐怖战争，而结束这场战争的是一次可怕的革命。届时，欧洲文化将被毁灭，所有国家的繁荣都将烟消云散。为应对这些不可避免的事件，只能建议投资黄金储备，或许还可以投资两个斯堪的纳维亚国家的债券。"事实上，门格尔将他的储蓄投资在瑞典债券上。不管谁在40岁前就如此一清二楚地预见灾难，并预见他心中的珍贵之物走向毁灭，他都无法摆脱悲观主义和精神上的压抑。游吟诗人们常常问道，如果普里阿摩斯王（King Priams）在20岁的时候就能预见古特洛伊城的灭亡，他将会拥有怎样的一生？而卡尔·门格尔在预见自己的特洛伊城不可避免沦陷之时，几乎还没度过半生。

同样的悲观主义让其他目光如炬的奥地利人黯然失色。作为一名奥地利人，被赐予的可悲特权就是有足够的机会感知命运。格里尔帕策

(Grillparzer)①的忧郁和暴躁就是由此而来的。面对近在咫尺的邪恶,人们觉得无能为力。这种感觉使得奥地利爱国者中那位尤其精明能干,并有着高尚情操的阿道夫·菲朔夫(Adolf Fischhof)孤立无援。

我经常与门格尔讨论克纳普的《货币国定论》(*Staatliche Theoriedes Geldes*),这种悲观主义明显事出有因。他的回答是:"这是普鲁士管制科学的逻辑发展。一个国家的精英在经历了两百年的经济发展后,竟然把这种甚至并不新鲜的无稽之谈奉为最高启示,我们该如何看待这个国家呢?我们还能对这样一个国家有什么期待呢?"

---

① 应该是指奥地利剧作家、诗人弗兰茨·格里尔帕策(Franz Grillparzer,1791—1872年),其代表作《太祖母》《萨福》《海涛和爱浪》等都是悲剧。——译者注

第三部分 《米塞斯回忆录》节选（1940年）

2.奥地利学派先驱们与奥地利学派经济学的独特之处

门格尔的继任者是弗里德里希·冯·维塞尔。他文质彬彬，才思敏捷，是一个正直诚实的学者。他很幸运，早于许多人熟知门格尔的作品，并立刻意识到其中的重要性。维塞尔在某些方面丰富了门格尔的思想，尽管他不是创造性的思想家，而且其思想总的来说弊大于利。他从来没有真正理解过奥地利学派主观主义思想的要旨，这种局限使他犯了许多令人觉得遗憾的错误。他的归因理论（imputation theory）站不住脚。他关于价值计算的观点表明，我们不能称其为奥地利学派的一员。他是洛桑学派（瓦尔拉斯等为代表人物，其思想为经济均衡思想）的一员，洛桑学派在奥地利的代表人物是鲁道夫·奥斯皮茨和理查德·列本。

奥地利学派的独特之处以及令其永垂不朽的是，它创造了一种经济行动理论，而不是经济均衡或不行动理论。奥地利学派也使用静止和均衡的概念，这种概念和类似的辅助手段在本质上就是纯粹的工具。没有这些，经济思考就难以实现。奥地利学派试图解释市场上实际支付的价格，而不仅仅是在某些永远无法实现的条件下支付的价格。奥地利学派拒绝数学方法，不是因为对数学的无知或厌恶数学的准确性，而是因为它不强调对假设的静态平衡状态进行详细描述。奥地利学派从来就没有过价值可以衡量这种错误观念。让其确认无误的是：统计数据只属于经济史，而与经济理论无关。

因为奥地利经济学是一种关于人的行动的理论，所以熊彼特并不属于奥地利学派。在他的第

第三部分 《米塞斯回忆录》节选(1940年)

一本书中,他明显将自己与维塞尔和瓦尔拉斯联系在一起,而不是门格尔和庞巴维克。对于他来说,经济学是一种"经济数量"的理论,而不是人的行动的理论。熊彼特的《经济发展理论》是均衡理论的典型产物。

在这一点上,可能有必要纠正由术语"奥地利经济学学派"造成的误解。门格尔和庞巴维克都不曾想过,要建立一个在学术圈子里习惯使用的那种意义上的"流派"。在他们的研讨会上,真正的奥地利学者从不打算让年轻学子成为他们的盲目信徒,然后再给他们提供教职。他们知道,通过写作和经济学教学,可以使这些年轻学子增强对经济问题的理解,从而为社会提供重要服务。但他们也知道,经济学家不是培养出来的。作为先驱者和创造性的思想家,他们充分意识到科学进步不能被规划,创新也不能按照计划培育。他们从来没有尝试去宣传他们的理论。如果人有能力认识真理,真理就会凭自己的能力战胜一切。如果他缺乏这种能力,那么借助那些不怎么可靠的方法,让那些不能理解理论内容和意义的人在口头上信服,是毫无用处的。

卡尔·门格尔从不试图取悦同事来使自己获得其推荐任命的回报。庞巴维克作为财政部部长和前任部长,本可以利用自己的影响力,但他总是唾弃这种行为。门格尔偶尔也会阻止像茨威德内克(Zwiedineck)这样不了解经济学前沿问题的人升职,但没有成功。庞巴维克甚至都没有尝试这样做过。他帮助了戈特尔(Gottl)教授和斯潘(Spann)教授在布尔诺技术学院(Technical Institute at Brno)的任命,而不是阻止。

在查阅门格尔的科学论文时,哈耶克发现,门格尔在这方面的立场可以用一句话来予以说

第三部分 《米塞斯回忆录》节选（1940年）

明,那就是:"要确保一种科学思想取得最后胜利,只有一种方法,那就是让每一个相反的意见都无限制地充分发展下去。"(换句话说,就是让其自我毁灭。)施穆勒、比歇尔（Bücher）和卢约·布伦塔诺（Lujo Brentano）则反其道而行之——面对那些不盲目追随他们的一切人士,他们剥夺了其在德国大学任教的机会。

因此（由于没有支持奥地利思想的人事政策）,奥匈帝国大学的教授职位落到了普鲁士历史主义的年轻代表手中。韦伯和斯皮特霍夫（Spiethoff）先后在布拉格大学任职。有位叫京特的教授成了因斯布鲁克的经济学教授。我之所以提到这一点,只是为了正确阐明弗兰茨·奥本海默（Franz Oppenheimer）关于边际效用理论垄断了经济学教学地位的论断。熊彼特在波恩当了好几年的全职教授。他是德国大学任命的唯

奥地利学派经济学简史：米塞斯的视角

——一位现代经济学教师。[①] 1870—1934年，在德国大学教授经济学的数百人中，没有一位教授熟悉奥地利学派或洛桑学派的著作，也没有一位教授熟悉现代盎格鲁-撒克逊经济学。任何被怀疑属于这些学校的无薪讲师（在德国大学体系中被称为"私人讲师"）都不会获得教职。克尼斯和迪策尔是德国大学里最后一批经济学家。在日耳曼帝国，他们教授的不是经济学，而是集体主义或纳粹主义。沙皇俄国时期的大学也是如此，他们教授的是合法的马克思主义或经济史，而不是经济学。相比之下，在奥地利，少数教授和无薪讲师被允许讲授经济学，这是对德国"经济政治科学"整体主义主张的冒犯。

---

① 在米塞斯看来，"现代经济学"是门格尔和庞巴维克的主观边际效用经济学，它显然已经取代了亚当·斯密、大卫·李嘉图和卡尔·马克思的劳动价值论。——原编者注

第三部分 《米塞斯回忆录》节选(1940年)

奥地利学派经济学具有奥地利特色,因为它生长在奥地利文化的土壤中,而后来被纳粹主义摧毁了。在这片土壤中,布伦塔诺的哲学可以生根,博尔扎诺的认识论、马赫的经验主义、胡塞尔的现象学、布洛伊尔和弗洛伊德的精神分析学也可以发芽。在奥地利的空气中没有黑格尔辩证法的幽灵。谈到国家责任时,没有人觉得要"战胜"西欧思想。在奥地利,幸福主义、享乐主义和功利主义并没有受到蔑视——它们被人们研究。

如果认为是奥地利政府推动了所有这些伟大的运动,那就错了。相反,奥地利政府撤销了博尔扎诺和布伦塔诺的教职,孤立了马赫,对胡塞尔、布洛伊尔和弗洛伊德也毫不关心。它赞赏庞巴维克是一个有能力的官员,而不是作为一个经济学家。

庞巴维克曾是因斯布鲁克的教授，但他很快就厌倦了自己的职位。这所大学、这个城市和这个省的学术气氛贫乏，这使他无法忍受。他更愿意在维也纳的财政部工作。当他最终离开政府部门时，他得到了一笔还算丰厚的养老金，但他拒绝了维也纳大学的教授职位。

庞巴维克开办其研讨班的那一天，是大学历史上和经济学发展史上的大日子。庞巴维克选择价值理论的基础作为研讨班开幕的主题。鲍尔从马克思主义的立场出发，试图剖析奥地利价值理论的主观主义。鲍尔和庞巴维克之间的讨论占据了整个冬季的研讨班，其他人都成了陪衬。鲍尔的聪明才智令人印象深刻，他是这位大师的有力对手（这位大师的批评对马克思经济学造成了致命的伤害）。我相信鲍尔最终也不得不承认马克思的劳动价值论是站不住脚的。针对庞巴维克对

第三部分 《米塞斯回忆录》节选（1940年）

马克思的评判，鲍尔放弃了回复。[①] 与马克思相关系列的第一卷引起了希法亭（Hilferding）[②] 对庞巴维克的激烈反驳。然而，鲍尔经常向我承认，希法亭甚至从来没有真正理解过问题的本质！

我在1913年获得讲师资格之前，经常参加庞巴维克的研讨班。在我所参加的最后两个冬季研

[①] 庞巴维克对马克思的评论，请参见 Volume I of the three-volume *Capital and Interest, History and Critique of Interest Theories*, pp. 281-306（Libertarian Press, South Holland, Illinois, 1959）.也可参见 The paperback extract from Volume I, *The Exploitation Theory of Socialism-Communism*, pp. 53-84（LP, 1975）.也可参见 *Shorter Classics of Böhm-Bawerk*, Essay IV, "Unresolved Contradiction in the Marxian Economic System," pp. 201-302（LP, 1962）. German editions, 1912, 1924; English translation, 1934; expanded（Yale, 1953; Liberty Fund, 1980）.——原编者注

[②] 指鲁道夫·希法亭（Rudolf Hilferding），他是奥地利马克思主义的重要代表人物之一，同时也是一名医学博士。——译者注

讨班上，我们讨论了我的《货币与信用理论》。[1]在第一次研讨班上，我们讨论了我对货币购买力的解释；第二次研讨班则讨论了我的贸易周期理论。我的立场和庞巴维克意见之间出现的分歧将在后面讨论。[2]

庞巴维克是一位杰出的研讨班领导者。他不认为自己是一个老师，他认为自己是一个主持者，偶尔也参加讨论。不幸的是，他赋予每个成员的非凡言论自由，偶尔会被轻率的讨论者滥用。尤其令人不安的是奥托那激情四射的胡言乱语。如果能更有效地行使主持人的职责，情况往往会有所改善，但庞巴维克不想参与其中。在科学领域，他和门格尔一样认为，每个人都应该被

---

[1] German editions, 1912, 1924; English translation, 1934; expanded (Yale, 1953; Liberty Fund, 1980).

[2] 此本书不再收录。——编者注

第三部分 《米塞斯回忆录》节选（1940年）

允许说话。

庞巴维克的事业是以辉煌而告终的，我们有目共睹。[1]他对旧经济学的精辟批判和他自己的理论永远滋养着我们。然而，必须指出的是，如果条件允许，庞巴维克本可以成果更硕。在他的研讨班发言和私人谈话中，他发展出的思想远远超出其著作中所呈现的东西。但是，他的身体状况已经不能再承受从事伟大事业所必需的艰苦工作——他衰弱的精力侵蚀着他。两个小时的研讨班已经耗尽了他的精力。只有保持严格的生活习惯，他才能在经济学的工作中聚精会神。他将自己的一生献给了经济学，只有在交响乐中才获得了放松和享受。

由于对奥地利及其文化的未来感到恐惧，庞

---

[1] Hans F. *Sennholz, Capital and Interest*, 3 volumes (Libertarian Press, 1959).

巴维克的晚年生活变得晦暗。战争爆发几周后,他心脏病发作,与世长辞。1914年9月初的一个晚上,我接到了这个消息,当时我所在的炮兵连驻守在特兰博尔(Trampol)以东的前线。那时,我刚巡逻回来,就有人递给我一张报纸,上面登有庞巴维克的讣告。

三、德国的学术研究

1. 两个学术组织：社会政策学会和德国社会学学会

作为一名沉默的旁观者，我参加了由社会政策联合学会（Association for Social Policy）于1909年在维也纳，以及1911年在纽伦堡举行的两场会议。在1919年雷根斯堡（Regensburg）

的会议上，我被选为该委员会的委员——这并不意味着什么，因为这是一种授予为学会出版物做出贡献之人的常见荣誉。但随着时间的推移，我在学会中的地位越来越重要。与第一次世界大战前的政策相反，该学会寻求所有学派的代表。当我被公认为奥地利学派的代表后，学会的活动使我越来越感兴趣。最后，我当选为学会的董事会成员。我参与编写了关于卡特尔问题的出版物。1932年在德累斯顿（Dresden）举行的关于经济价值问题的辩论，其准备和主持工作的负责人就是我。

1924年（也有可能是1925年），我当选为德国社会学学会（German Association for Sociology）的成员。

1933年，我退出了这两个组织。

第三部分 《米塞斯回忆录》节选（1940年）

2. 平平无奇的傻蛋是精英中的精英

德国大学的"经济政治科学"和社会学教授给我的印象并不好。的确，有不少诚心正意的博学之士，他们魂牵梦萦的都是科学探索。但大多数人都不是。

这些人不是经济学家，我们不应该因此责怪他们。毕竟，他们是施穆勒、瓦格纳、比歇尔和布伦塔诺的学生。他们不了解经济学文献，对经济问题没有概念。他们觉得每一个经济学家都是国家的敌人，觉得这些经济学家不是德国人，是商业利益和自由贸易的支持者。每当他们检查一篇经济学文章时，他们都竭心尽力找出不足之处和错误。他们对所从事的一切都一知半解。他们假装是历史学家，但他们几乎不看合作科学（collaborative sciences），而合作科学是历史学家最重要的工具。他们丝毫不了解历史研究的精神。他们不知道统计学应用中的基本数学问题。他们是法律学、技术、银行和贸易技术方面的门外汉。对于那些他们一无所知的东西，他们漠不关心，却就此出版图书、发表论文，真是不可思议！

更有甚者，他们总是随时准备做墙头草。1918年，他们中的大多数人同情社会民主党（Social Democrats）；1933年，他们加入了纳粹。如果布尔什维克主义（Bolshevism）掌权，他们就会成为共产主义者。

维尔纳·桑巴特是这组人中的杰出代表。他被誉为经济史、经济学理论和社会学的先驱。他作为一个有独立思想的人享有盛誉，因为他激怒过德皇威廉。桑巴特教授确实值得他的同事们认可，因为他拥有他们所有的缺点并将其"发扬光大"。除了要夺人眼球和赚钱，他毫无雄心壮

第三部分 《米塞斯回忆录》节选（1940年）

志。他关于现代资本主义的厚部头是历史学上的怪物。他总是哗众取宠，写那些充满矛盾的东西则是要确保自己功成名就。他天赋异禀，但从不在认真思考和工作上耗费心力。德国教授所拥有的那种华丽高贵的妄想职业病，他一分不少。当马克思主义者风靡时，他支持马克思主义；当希特勒掌权时，他说元首是天命之人！

桑巴特教授对经济学毫无兴趣。大约在1922年，当魏斯-韦伦施泰因（Weiss-Wellenstein）请他做一个关于通货膨胀的讲座时（当时我也在场），他婉拒了，并说："这是银行技术的问题，我不感兴趣，因为它与经济学无关。"他曾计划给他的《经济学的三大体系》（*The Three Systems of Economics*）一书另起一个书名：《经济学的消亡》。他告诉我，他之所以没有这么做，只是考虑到了那些以教授经济学谋生的同事们。

然而，与大多数其他教授相比，与桑巴特聊天起码更加有意思——至少他不笨，也不迟钝。

还有几位教授声称自己是"理论专家"。在这些人中，戈特尔和奥本海默都是偏执狂，迪尔（Diehl）是个心胸狭窄的不学无术者，斯皮特霍夫是一个从未出版过一本书的人。

在那些年里，社会政策学会（Association for Social Policy）的主席由埃克哈特（Eckart）教授担任，他是一个和蔼可亲的莱茵兰德人。除了对德国国内海上商业历史有一些贡献外，他没有贡献任何有意义的东西。他的竞争对手是在德国普及了"世界经济"一词的伯恩哈德·哈姆斯（Bernhard Harms）。他对成为某个组织的掌控者如饥似渴，于是成立了"李斯特学会"（List Society）。

与这些人的接触使我意识到，德国人民已经

第三部分 《米塞斯回忆录》节选（1940年）

无药可救。因为这些平平无奇的傻蛋居然还是社会精英中的精英。在大学里，他们教授的领域是政治教育中至关重要的一部分。广大群众和社会精英对其顶礼膜拜，视他们为科学领域的知识贵族。老师尚且如此，年轻人又会如何呢？

3.早逝的天才韦伯与极少数的同僚智者

1918年，马克斯·韦伯在维也纳对我说："你不喜欢社会政策学会，我更不喜欢。但事实是，它是我们这个领域人士的唯一一个团体。我们从外部批评它毫无用处，我们必须同这个团体合作，改正它的缺点。我正在用我的方式致力于此，你也应该用你的方式这么做。"我听从了韦伯的建议，但我知道这是徒劳无功的。作为一个奥地利人，作为一个没有教职的私人讲师，作为一个"理论家"，我在学会里始终是一个局外人。我在这里宾至如归,但在其成员眼里,我始终还是一个异类。

马克斯·韦伯也无法改变这种局面。对于德国来说,这位天才的早逝就是致命一击。如果韦伯活得更久,今天的德国人民就可以摆出这位在纳粹主义面前坚忍不拔的"雅利安"榜样。然而,在命运面前,即使是这样一位智者也无能为力。

在这两个德国学会中,我也遇到了一些人,他们的陪伴使我受益匪浅。我尤其记得哲学家和社会学家马克思·舍勒(Max Scheler)。然后,我还记得来自科隆(Cologne)的社会学家利奥波德·冯·维泽(Leopold von Wiese)和来自法兰克福的阿尔伯特·哈恩(Albert Hahn),也记得莫里兹·波恩(Moriz Bonn)。1926年,在维也纳召开的德国社会学会的会议上,我遇到了瓦尔特·祖尔茨巴赫

第三部分 《米塞斯回忆录》节选（1940年）

（Walter Sulzbach）和他的妻子玛丽亚·祖尔茨巴赫·菲尔特（Maria Sulzbach Fuerth），我们成了亲密无间的朋友。我还想提到其他一些人，比如威廉·勒普克（Wilhelm Röpke）、亚历山大·吕斯托（Alexander Rüstow）、格茨·布里夫斯（Goetz Briefs）、格奥尔格·哈尔姆（Georg Halm）和理查德·帕索（Richard Passow）；还有心思敏锐的历史学家埃伯哈德·格泰因（Eberhard Gothein），以及思想深邃、刚正不阿但不幸已经去世（也就是在1940年之前）的路德维希·波勒（Ludwig Pohle）。

我两次听说自己要去德国的某所大学。一次是在1925年，说是要去基尔大学（University of Kiel）；一次是在1928年（或者是1927年），说是要去柏林商学院（School of Commerce in Berlin）。每一次都有国家主义者和社会主义者对此愤愤不平，对我大肆攻击，因此两次任命都无果而终。然而，我自己也无所期待。我完全无法适应普鲁士皇家管理科学的教学。